御社の新しい収益基盤を構築する

区分オフィスビル投資術

青木 龍

Ryu aoki

JN072637

版社

まえがき

ビル投資は「区分所有」でも充分なベネフィットがある

突然ですが、質問です。

ここに「50坪ワンフロアの区分所有（5階建ての1室）」と「ワンフロア10坪の一棟ビル（5階建ての5室）」があったとします。立地（エリア）、駅からの距離、築年数、金額は同条件とします。

あなたの手元に買えるだけのお金があるとしたら、どちらを購入しますか？

この質問に「後者」と答えた方は黄色信号です。悪徳不動産会社にだまされないように、ぜひ本書を読んで賢く営業外収益を得る方法を学んでいただきたいと思います。

この質問に前者と答えた方は正解です！　このまま読み進めて、安定した営業外収益を得る方法を知ってください。

申し遅れました。私は青木龍《りゅう》と申します。

経営者向けの投資ビルを売買仲介する不動産会社「Agnostri《アグノストリ》」を経営しています。同時に自社でも多数の中小オフィスビルを所有し、本業以外の安定した営業外収益を得つつ、順調な本業経営を行っています。

実際、「ビル投資」は非常に魅力的な投資方法です。ローリスク・ミドルリターンであり、中・長期的に物件を所有することで安定的な財布の役割を果たしてくれます。

経営者にとっては資金が安定するため本業に専念できたり、いざというときの資金調達の方法として活用したりすることができます。

私は2021年に前著を上梓しているのですが、「ビル一棟の投資」という切り口でお伝えしました。

いわゆるビルのグレード比較で言う「Cグレード」（1フロア面積20坪以上180坪未満）のビル一棟を中古で購入し、貸事務所業を本業に付随する新たな事業として持つことで、それこそほったらかし（管理は専門の会社が行います）でも毎月定期収入を稼いでくれる「もう1つの財布」とする提案でした。

しかし、Cグレードでも一棟を購入しようと考えると10～20億円の予算がかかります。安いものを選べたとしても5億円以上。

もちろん、すべてを自己資金で用意するのではなく金融機関からの融資を前提としていますが、それでも1億円以上の自己資金を用意する必要があります。

1億円以上の余剰資金のある経営者向けの内容は、確かにハードルが高めではあります。

実際、前著を上梓した際に、一部の方からこのような声をいただきました。

『ビル一棟の投資は確かに魅力的だけど、もう少しハードルが下がらない？』

そこで本書では、切り口を「区分所有」としてビル投資の魅力をお伝えします。区分所有とは要するに「一棟ではなくフロア毎に所有する投資法」です。

区分所有であれば、高額に思えるビル投資でも金額はグッと下がります。

小さなものであれば５０００万円前後、平均でも1億円前後でビル投資をスタートできます。それも東京の都心のオフィス街のビルです。

もちろん、準備する自己資金も桁が変わり、約20％の比率で考えて１０００万〜３０００万円ほどあれば充分に始められる計算になります。約３０００万円の内部留保と考えれば一気にハードルは下がると思いますし、享受できるビル投資のメリットは変わりません。

そんな「自己資金３０００万円から始められる区分オフィス投資」の魅力を、これから本書で存分にお伝えしていきます。

「区分オフィス投資」が安定した経営の切り札になる！

オフィスビル投資は自己資金3000万円から始められる――これは本書でお伝えするメリットの1つに過ぎません。

他にもオフィスビルには2つのメリットが存在します。

1つは営業外利益が得られることです。

現代は、一寸先は闇。何が起こるかわからない時代です。老舗企業でさえも一瞬で倒産する可能性もゼロではありません。

そのようなときに安定的に収益を生み出してくれるオフィスビル投資は、企業存続の命綱になります。賃料による毎月の安定的な売上も得られる上、売却により大きな利益を得ることもできます。

営業外利益を確保することで、本業に安心して取り組み、社会課題解決につながる業務に邁進できます。

もう1つのメリットは税金対策になることです。

区分オフィス（一棟ビルであっても）を所有することで固定資産税評価により大幅な節税を実現できるため、手元に残るキャッシュを増やすことができます。

事業継承の際には2代目、3代目に有利に引き継ぐことも可能です。

「継続的に儲かる仕組みを構築したい」

これは経営者の使命と言ってもいいでしょう。しかし実際は、現業で安定的に利益を上げ続けるのはなかなか難しいものです。

そういう意味では本書でご紹介する「オフィスビル投資（区分オフィス投資）」は、そんな経営者の願いを叶える切り札と言っても過言でありません。

ここで実際に、私のクライアントである某アパレルメーカーの2代目A社長のエピソードをご紹介します。本業が赤字で存続の危機に陥った場合でも区分オフィスが営業外利益を安定的に生み出してくれた好例の1つです。

当時、2代目として事業を引き継いだA社長は自社のアパレルショップの店舗数を増やすため、どんどん新規出店したいと考えていました。

しかし店舗を増やすと固定費がかかるため二の足を踏んでいました。万が一、顧客がお店に来なくなったら、不動産家賃や人件費などの固定費の支払いを売上で支えられなくなり、資金ショートする恐れもあるからです。

そのようなとき、A社長は区分オフィス投資を知りました。A社長は私の説明を聞いて区分オフィス投資のメリットに気づき、会社の内部留保を頭金にして金融機関の融資を受けて区分オフィスを購入しました。

その後、A社長は毎月本業とは別の安定利益を得ることができるようになったことで精神的に楽になり、順調に新規出店を進めていくことができたのです。

A社長は先代の父の会社を続けたいという強い思いがありました。アパレルという仕事を愛し、何としてもアパレル業を続けたいと考えていたのです。

しかし、店舗拡大した企業ほどコロナ禍でダメージが大きいという状況を見ていたため、自社のアパレル業の存続にも危機感を感じていました。それを区分オフィス投資という「ウラ技」を使って営業外利益を生み出すことで本業のアパレル業に専念する逆転勝利の状態を作ったのです。

本業以外の利益を本業に投資することで本業がうまく回り、コロナ禍という難局を乗り切ることもできました。A社長は現在も「アパレルを通じて、多くの人に幸せになってほしい」という思いを形にし続けています。

このように区分オフィス投資が本業の存続を救ってくれることがあります。しかも、3000万円の内部留保から行うことができます。

約30年に及ぶ日本のデフレーションがようやく終わり、コストプッシュ型ではありますがインフレ傾向にある世の中で、お金を預貯金にしておくことは価値の目減りを招きます。むしろ、お金を生み出すモノ＝資産に換えて増やしていくことこそ、資産防衛の要（かなめ）ではないでしょうか。その方法論であるオフィスビル投資をぜひ知ってください。そして、あなたの会社にとっての「安定した営業外収益をもたらす第2の財布」を手に入れてください。

本書を読むことで、その方法がすべてわかります。

それではさっそく私と一緒に見ていきましょう。

青木龍

第1章

不動産投資は
中小オフィスビル投資
が正解！

不動産投資の種類。オフィスビル投資は本当に儲かるのか？

一口に「不動産投資」と言っても種類は多数あります。

・区分マンション投資：マンションを部屋単位で購入し、賃料を得る投資。
・一棟アパート、マンション投資：アパートやマンションの全体（一棟）を購入、もしくは建設して所有し、賃貸経営をする投資。
・戸建て投資：戸建て住宅を購入、もしくは建設して所有し、入居者から賃料を得る投資（いわゆる借家）。
・駐車場投資：所有している土地、もしくは新たに土地を購入し、コインパーキングや月極駐車場などの「駐車スペース」に整備して利用者から利用料金を得る投資。
・J－REIT：REIT＝Real Estate Investment Trust で日本版不動産投資信託のこと。投資信託の不動産版の解釈。通常の投資信託と同様に複数の投資家が出資する形で信託会社に資金を委託する投資。
・民泊：アパートやマンション、戸建て住宅などの一般住宅に利用者を宿泊させて宿泊料を得る投資。ホテル業の住宅版の解釈。

他にも、シェアハウス投資（所有している土地にシェアハウスを建てる）やトランクルーム投資（所有している土地にトランクルームを建てる）やサービス付き高齢者向け住宅投資（所有している土地に高齢者向け住宅を建てる）などもあります。それぞれの投資に関する書籍も多数、刊行されています。

しかし、私が不動産投資として最もおすすめするのが「オフィスビル（ビジネスビル）投資」です。

その理由は追々説明していくとして、論より証拠、まずは実際にオフィスビル投資による貸事務所業（賃貸）や売買によって儲かっている事例をご紹介します。
長期保有によるインカムゲイン（賃料収入）の事例もあれば、保有後に売買したことでキャピタルゲイン（売却益）が発生した事例もあります。

どちらにしても何かしらの利益（インカム）が発生している事例ばかりですので参考にしていただき、物件の価格や賃料の相場観の学びにもしていただけたらと思います。

7000万円の物件購入で3年後に4200万円の利益

最初の事例は浅草橋エリアの物件です。

浅草橋駅から徒歩6分、築33年、5階部分、1フロア30坪の区分オフィスが7000万円の物件です。頭金は1500万円（約20％）で残りは融資です。購入したのは売上高10億円の製造業を営む一般企業です。

購入の目的は「安定した営業外収益を得たい」というものでした。

そこで私が提案をさせてもらった物件ですが、何よりこの物件は単純に安く、お買い得でした。30坪で7000万円でしたから坪単価が約230万円です。周辺の相場と比べても坪単価が低く設定されていました。

さらに家賃は36万円／月でしたので、年間で約400万円のインカムゲインを得られた計算になります。


こちらの物件は3年ほど所有したあとに売却となりましたが、そのときは売買単価が1坪330万円で約1億円で売却ができました。

単純計算で3000万円のキャピタルゲインと、賃料400万円×3年間で約1200万円のインカムゲイン――合計4200万円の収益を得られた事例になりました。

安定した営業外収益とともに売却益も得られるのがオフィスビル投資のいいところですが、その「いいところ」が顕著に出た例だと考えています。

1億5000万円の物件購入で4年後に8000万円の利益

2件目は新宿エリアの物件です。

新大久保駅から徒歩5分、築30年、地下1階部分、1フロア60坪の区分オフィスで1億5000万円の物件です。購入者の希望で頭金は3分の1の5000万円、残りは融資です。

購入したのは土木業を営む一般企業。元々、投資好きな経営者でうまく運用できる投資先を探していて弊社（私）の提案がマッチし、このビルにいきつきました。

新宿エリアとはいえ、本物件もかなり割安で買えました。

地下1階のベースメントでも新宿エリアは坪単価が高くなりがちです。それでも1坪250万円は割安です。

また本来、ベースメントは換気が悪かったり光が入りにくい構造上、物件価格が安くなったり、賃料も割安にしたりしないとテナントが入りづらいです。

しかし、この物件では飲食店のテナントが入っていたこと、周辺相場の半分ほどとはいえ坪1万円の賃料を取れていたことが幸いしました（月60万円、年間720万円の家賃収入）。本来、新宿エリアで飲食店を入れられるような物件は1万5000～2万円の家賃が相場ですが、割安とは言え利回りは5％を実現できた良い物件です。物件が大通りに面していたことが幸いしました。

4年ほど保有し、その後売却することになりましたが、売却額は2億円で5000万円の利益が出ました。将来性があったため高く売却することができたのです。

4年間の保有で3000万円近いインカムゲインを得られたため、キャピタルゲインとトータルで約8000万円の利益を出せました。

欲を言えば、賃料を相場と変わらないくらいにまで上げて年間1000万円のインカムゲインをオーナーさんにお渡ししたかったです。

しかし、既存のテナントが入っている状態で購入したため、賃料アップの交渉がうまくいきませんでした（うまくいく場合もよくあります）。

もし、テナントの入れ替わりや退去が発生した場合には、賃料を相場に合う額にアップできる（自由に決められる）ので、その場合は毎月のインカムゲインもアップしますし、それが実現していたら売却する場合も2億5000万円ほどで売れていた可能性があります。

ですが、ビル投資の可能性が詰まった事例と言えるでしょう。

2億8000万円の物件がたった1ヶ月で7000万円の利益

3件目は同じく新宿エリアの物件です。

新宿区はいびつな形状をしています。北は目白の一部から南は表参道の手前、東は皇居や靖国神社の手前までと広いため、同じ新宿エリアでもさまざまな種類の事例があります。

この物件は新宿駅付近にある新宿御苑（かつて大名屋敷だった跡地に造られた公園）駅か

ら徒歩3分、築35年、7階部分、1フロア50坪の区分オフィス1億7500万円の物件です。

購入したのは産業廃棄物業を営む一般企業。長期保有予定ではありましたが、本物件はいろいろな意味でレアケースの塊でした。

なんと、この物件は購入して1ヶ月で売却されたのです。

そのときの売却額は2億5000万円でした。つまり、たった1ヶ月で7000万円の利益が出たことになります。

本来、短期の売買で儲けるより長期保有で安定収入を得てもらいたいと考えます。ですが、購入した区分に入っていたテナントの事情で、本来はしない予定だった物件の契約更新をすることになったのです。

そこで賃料アップの交渉を行いました。

それによって物件としての価値が上がりました。

ビル投資の世界では、区分所有であっても一棟であっても、クライアントのタイプは大きく3つに分けられます。

投資金額を「1億円までで考えている人」「2～4億円くらいで考えている人」「10億円以

上で考えている人」です。

中でも2～4億円（3億円前後）の物件が一番レアです。決して存在しないわけではないですが、後ほど語る理由で2～4億円の一棟ビルを買う場合、失敗する可能性が高くなってしまいます。

すると区分所有の選択肢になるのですが、それでもレアなため、なかなか物件が出てきません。存在しても結局は「まとめ売りで6億円以上」という話になってきやすいのです。


しかし、この物件は先述の賃料アップの交渉により、2億5000万円で値付けできることがわかり、かつ、そのくらいの物件で投資を考えている買い手が存在していました。

さらに、所有者がM&Aをすることになり、緊急で資金が必要になりました。M&A用の資金を準備するためにも、本来は長期保有をするつもりだった物件を売却してM&Aの資金に充てることにしたのです。


不動産にはこういった予想外のこともあるので、一概には良し悪しを決められないというい い例です。

12億円の問題ビルを改修後に区分販売して3億6000万円の利益

4件目は千代田区エリアの物件です。

銀座線末広町駅から徒歩5分、築30年、9階建て、1フロア50坪のオフィスビルを一棟という物件です。価格は12億円でした。購入したのは製造業を営む一般企業です。

この物件は区分所有での購入ではなく一棟買いです。ただし、売却の際に区分化してフロアごとに売却しました。保有よりは売却にフォーカスした事例ですが、この物件の本質はそこではありません。そもそもが問題を抱えた物件だったのです。

この物件は、他社の不動産会社でビルを購入した方が困って私に相談をしに来た案件でした。調べてみたところ、容積超過（遵法性違反）の物件でした。

というのも、この物件は9階建てでしたが、1階部分は本来、駐車場スペースでした。つまり、オフィスエリアは2~9階までだったのです。にもかかわらず、私のところに相談に来た時点で1階部分の駐車場スペースは改装されてオフィスになっていました。

実は、このようなケースはよくあります。オーナーからすれば賃料がより多く取れるというメリットはあるのですが、遵法性違反の物件なので売却の際に売りづらくなります(銀行が融資をしてくれないからです)。

相談に来たオーナーは、そんな物件を掴まされて困り果て、この売却できない(=流動性のない)12億円の資産を手放したがっていました。

しかし、現金で買うしかない12億円のビル(相場としては安いですが)をそう簡単に手放せるはずもありません。

そこで私は、このビルを区分所有で売却する方法を取りました。

末広町エリアはビジネス街・繁華街として賑わっているエリアです。1フロア50坪であれば2億5000万円の値が付きます。それを各約2億円で商品化し、流動性を担保しやすい状況に是正しました。

さらにちょうどテナントが出るタイミングだったので修繕費をかけて、1階部分を駐車場に戻しました。

2～9階＋駐車場を合計17億円で順次売却したことで、5億円の利益が出ました。1階部分の改修を含めた、バリューアップ費用の総額が約1億4000万円かかったので、差し引き3億6000万円の売却益になりました（改修費用は今の相場で算出しています）。

現オーナーは問題物件を是正した上で売却でき、次のオーナーもきちんと売れば1フロア2億5000万円の値が付けられますので、買ったときよりも高く売ることができます。

誰も損をしない状態で取引ができた事例と言えるでしょう。

7億8000万円のビル一棟に買い手殺到で1億6000万円の利益

5件目は、「このような事態になったら短期保有で売却する選択肢もあり」という事例をご紹介します。

神田エリアの物件です。神田駅から徒歩1分、築32年、6階建て、1フロア30坪のオフィスビル一棟という物件です。価格は7億8000万円。購入したのは東海地区で製造業を営む一般企業です。

4件目の事例と同様、区分化してフロアごとに売却しました。保有期間は1年と短めでした。

そもそも購入したオーナーは、この物件を売却する意思はありませんでした。

この方は外国で製造したものを日本で輸入販売する業態なのですが、外貨を扱うため為替変動リスクが生じます。為替が良いときは利益になりますが、悪いときには損が発生します。その変動幅が年間2億円くらいでした。

その変動幅を営業外収益で確保し本業に専念したい、というリスクヘッジの観点から本物件を購入したのです（他にも不動産を所有されていました）。

しかし、購入して登記をした時点で反響がすごく、売りに出してもいないのに「買いたい」という問い合わせが多数ありました。

いい立地の物件を持つと、謄本を上げ、問い合わせをしてくる業者や法人が多数寄ってくることがあるのですが、この物件はその最たるものでした。

結局、1年保有した後に売却することになりました。

ただ、売却の際は一棟で売るのではなく、区分化して流動性を確保することにしました。6階建てで7億8000万円ですから1フロアあたり1億3000万円の計算です。それを1フロア1億5000万円で値付けし、トータル9億円で売買することができました。

9億円で1棟を売るより1億5000万円×6で9億円のほうが買い手も多く、物件としては流動性が高くなりました。

利益としては差額2000万円×6フロアで1億2000万円になりました。

年間のインカムゲインが4000万円弱でしたので、キャピタルゲインだけで3年分の家賃収入を確保できたことになります。

基本的には長期保有がベストであり、一番おすすめしているのですが、1年の保有で3年分のインカムゲインを確保できるなら売却も十分ありです。

この事例の場合は、さらに保有1年分のインカムゲインもプラスされたので、当初の目的の「為替変動のリスクヘッジ」も一部成就できたことになります。

個人的には、もう少し家賃を上げてからでも良かったと思いますが、保有1年ではなかなか家賃交渉は難しいところでした（通常、賃貸借契約の区切りは2～3年が多いため）。

それでも、良い取引になった事例です。

6億3000万円の区分所有を3年保有で2億4000万円の利益

次は、マンションビル（オフィスとマンションが一緒になっているビル）の事例です。台東エリアの物件です。田原町駅から徒歩3分、築35年、14階建て、1フロア110坪のマンションビルの1～3階を購入されました。価格は6億3000万円でした。購入したのはガソリンスタンドを経営する一般企業です。

この物件は1～3階部分がオフィスエリア（1階は駐車場）で、上はマンション（住宅エリア）になっていました。

頭金は10％で約6000万円。内部留保が潤沢な会社だったからではありますが、このくらいの頭金でも6億の物件が買える良い事例です。

また、1階の駐車場部分を除いた2フロア（合計220坪）で6億円としても、坪単価は約３００万円です。この周辺の坪単価は４００万円前後なので単価で見ても割安な物件でしたし、駐車場を含めるとさらに割安だといえます。

この物件も、オーナーは長期保有のつもりで購入されました。

しかし、3年ほど保有したタイミングでちょうど買い手からのたっての希望があり、売却の運びとなりました。

購入したのは東海エリアのスポーツ用品の会社でした。

この会社は元々、相続対策で土地を買っていたものを現地のデベロッパーが高額で買い取ることになり、現金が入ってきたのです。せっかく相続対策で不動産を購入したのに現金が入ったわけですから、再び相続対策をしなくてはいけなくなりました。

そこで8億円くらいまでで物件を探しており、ちょうど良かったのが本物件だったのです。

結局、本物件は7億７０００万円で売却され、1億４０００万円のキャピタルゲインが発生。さらに、3年間の家賃収入が1億円ほど（年間約３０００万円）あったので、トータル2億４０００万円の利益となりました。

売り手側は長期保有の前提で買ったものの利益確定ができ、買い手側も相続対策ができたＷＩＮ－ＷＩＮな取引でした。

4億円の区分所有を3年保有で1億4000万円の利益

7件目の事例は新宿エリアの物件です。

西新宿駅から徒歩1分、築30年、9階建て、1フロア50坪のオフィスビルの7～8階という物件です。価格は4億円で、頭金は1億円（融資額3億円）でした。購入したのは関西地区の不動産賃貸業者でした。

この事例で特筆すべきは、物件の立地の良さとその価格です。

西新宿駅からほぼ直結のビルの1フロア50坪（2フロア購入なので100坪）で4億円です。ということは、坪単価に直すと400万円／坪。この安さに気づいてもらいたいのです。

西新宿と言えば駅から南に行けば都庁があり、周囲には巨人のように大きなビルが乱立したビジネス街です。隣の新宿中心部も徒歩5～10分圏内で、駅から西に行けばヨドバシカメラやビックカメラなどの電気街があり、その先には歌舞伎町があります。

また、駅から北側には飲み屋街や住宅（マンションや古民家）があり、ビジネス街と繁華街が住み分けられているような場所です。

日本では高度経済成長期に高いビルが建ちはじめましたが、その先駆けとなったのがこのエリアです。

このエリアでは1坪の坪単価は600万からが相場です。

仮に600万円だとしても、この事例のような物件だと価格は1．5倍になる世界です。それを坪単価400万円で買えたわけですから、かなり安いことがおわかりいただけると思います。

本物件は、実際に2年保有の後に5億円で売却されました。それでも価格としては割安だったと思います。オーナーは1億円のキャピタルゲインに加えて、2年間のインカムゲイン約4000万円の利益を確定させました。

詳しくは別章でお伝えしますが「投資の本質を理解し、割安と判断できる物件を買えばこのような結果が生まれる」という好例です。

実際にこのような物件は存在しますし、区分所有だからこそ実現できることでもありますので、ぜひ参考にしてみてください。

4億3000万円の区分所有のまとめ買いで3億2000万円の利益

8件目は、個人オーナーからビルを購入した例です。

上野エリアの物件で、御徒町駅から徒歩3分、築33年、9階建て、1フロア40坪のオフィスビルの2～8階を購入されました。価格は4億3000万円で、購入したのは九州地区の水道機器メーカーでした。

御徒町と言えば北は上野、南は秋葉原に挟まれた東京の東側の繁華街であり、観光地です。相場は安くても坪単価300万円の世界です。

本物件は4億3000万円で2~8階の7フロア、各40坪で計280坪ですから、坪単価150万円ほど。つまり、この時点で相場の半値近くで買えているのでかなり割安でした。

さらに、賃料もかなり安く設定されていました。

周辺の相場は立地からいって1万3000~1万6000円/坪というところです。しかし、この物件では家賃が9000円/坪だったのです。

このように破格な物件だったのは、ビル一棟を所有していたオーナーが地元の地主で、個人所有としてこのビルを一族で持っていたからです。

実際に1階はカフェで、9階にはオーナーが住んでいました。2~8階は一族がそれぞれに所有している状態でした。

古くからの地主が、ビルを持って貸している場合、高い賃料を設定して儲けるよりも、テナントに長く居続けてもらうため、安定的なインカムゲインを継続して得るために無理なプライシングをしないことが多いのです。

このような物件はレアケースではありますが、まだまだ存在します。特に下町には高齢のオーナーが無借金でビルを持っている物件が残っていたりします。

本物件では、2～8階を区分所有で購入したあとに何件かは賃料アップ交渉をして賃料を上げることができました。

2年間保有したあとにフロアごとの売却を行いましたが、7フロアのトータルで7億2000万円。2億9000万円のキャピタルゲインとなりました。

さらに年間のインカムゲインが7フロアのトータルで約2000万円あったので、2年で4000万円のトータル3億3000万円の利益でした。

本物件に関しては、売却したトータル利益がインカムゲインの10年分以上にものぼりました。

家賃の前倒しは、最低3年分は取れないと売る意味がありません。しかし逆に、3年以上を取れるなら売却も悪い選択肢ではないのです。

本物件は「立地が良く、視認性も良く、駅から近い」という優良物件の三拍子が揃い、さらに「1フロア40坪」というとても手頃なサイズ感でもあったので、かなりの利益を出せた物件です。

1億4000万円の区分所有でコロナを乗り切り、毎年1000万円の利益

9件目の事例は、上野エリアの物件です。

秋葉原駅から徒歩3分、築30年、1フロア60坪のオフィスビルをという物件です。価格は1億4000万円でした。購入したのは北海道の飲食業者です。

現在も保有中で5年ほどになります。つまり、コロナ禍前に購入しています。

この物件で注目してもらいたいのは、コロナ禍を経て今も保有中であることです。2020年1月からのコロナ禍で、特にダメージを受けた業態の1つが飲食業でした。このオーナーも例にもれず、緊急事態宣言や自粛要請、時短営業要請のあおりを食らって売上がかなり落ち込みました。

実際、コロナ禍にオーナーから「売却したい」という連絡がありました。試算をしてみると、坪単価350万円で考えて2億1000万円の値付けが可能だとわかりました。購入額に対してプラス7000万円のキャピタルゲインでした。年間のインカムゲインが1000万円ほどだった（融資なしで購入だったので返済がなかった）ので7年分を回収できる試算となりました。

しかし、私は売却しないアドバイスをさせてもらいました。

「さっきの事例とは違うじゃないか」と思うかもしれませんが、理由は2つありました。

1つは、仮にここで売却できて一時的に危機回避ができたとしても、いつまで続くかわからないコロナ禍で次に同じ事態になったときにもう打てる手がなくなってしまうから。

もう1つは、もしも今回の売却で危機を回避でき、仮に近い将来にコロナ禍も収束に近づき、それによって本業が立ち直ったとして、そのあとにもう一度同じような条件で物件を手に入れられるかどうかがわからないからです。

60坪で1億4000万円ということは坪単価230万円ほど。御徒町の事例でもお伝えしましたが、相場300万円のエリアでそこそこの物件を割安に買えていたわけです。二度と来ないかもしれないチャンスを失ってしまうのはもったいないとお伝えしました。

結果、売却することなくコロナ禍を乗り越え、本業も回復し始めています。

コロナ禍で受けたダメージを完全回復させるまでにはもう少し時間がかかるかもしれません。しかし、それでも年間1000万円の営業外収益が担保された状態ですので、経営者のマインド的にはかなり楽な気持ちで経営ができているでしょう。

1億3000万円の区分所有で多角化経営 毎年800万円の利益

最後の事例は新宿エリアの物件です。

新宿西口駅から徒歩2分、築31年、7階建て、1フロア40坪のオフィスビルを購入されました。価格は1億3000万円でした。購入したのは東海地区のリサイクル業者でした。この物件も現在も保有中で6年ほどになります。

1フロア40坪で1億3000万円ですから、坪単価は約300万円。新宿エリアでこれはかなり割安といえるでしょう。

さらに、この事例のオーナーは頭金0円で物件購入ができました。つまり、フルローンでビルを購入できたわけです。純資産で7億円、総資産で40億円ほどあり、借入慣れしていたことが要因です。

誰もができるわけではありませんが、それでも購入するタイミングと融資に強い銀行や支店の選択によってはこういったことも可能です。


この事例で特に参考にしてもらいたいのはオーナーの経営スタイルです。

リサイクル業の他にブライダル業、ゴルフショップ運営、ブランド品買取、フィットネスジム運営と、多角的な経営をしていました。オーナー自身が「業種を増やせば増やすほど負け戦が減る」という考え方を持っていたのです。

そして、多角化の一環として不動産＝貸事務所業を選択しました。

別章で後述しますが、貸事務所業は最強の事業です。実際にこれを事業の1つに組み込むことで、より勝率を上げようと考えたのです。


この物件は1フロアではありますが年間で800万円のインカムゲインをもたらし続けてくれています。仮に売るとしたら、新宿エリアですから坪単価500万円設定で2億円の売却が可能でしょう。

その場合のキャピタルゲインは7000万円。さらに6年間保有によるインカムゲインの4800万円を加えるとトータルで1億2000万円近い利益が算出できます。

ここまで9つの事例をご紹介してきました。それぞれにポイントがありますが、少し工夫をするだけで利益が大幅にアップすることは共通しています。

第2章

「貸事務所業」が あなたの会社の未来を救う

コロナ前後で見るオフィスビルの賃貸ニーズの変化

２０２０年1月にはじまったコロナ禍は、２０２３年5月（ゴールデンウィーク明け）の分類変更によって、ようやく収束に近づいてきたと言えるでしょう。

ただ、コロナ禍は私たちの生活に大きな変化をもたらしました。飲食業やホテル業など一部事業者の相次ぐ倒産、日本人の働き方の更改とその促進、国民の生活様式の変化などです。

「働き方」に特筆すれば、その最たるものはリモートワークでしょう。それまでは毎朝、通勤電車に乗って出社するのが当たり前だった世界が、家から出ずにパソコンで仕事をする世界になりました。

この世情の変化は、私が属する不動産業界にも大きな変化をもたらしました。

とりわけ、ビルに特化した不動産賃貸業を営む私にとっては、その変化は目を見張るものがありました。

それまでSグレードと言われるインテリジェントビルや、Aグレード・Bグレードなどの大型ビルにテナントとして入っていた企業が、次々と事務所を移転する事態が起きたのです。

彼らが事務所移転を行ったのは、何も経営が厳しくなったり、倒産したりしたからではありません。

大きな事務所が不要になったからです。

企業がリモートワークを導入することにより、自宅で業務をすることが増えました。たとえば、100人規模以上の会社が交代勤務制を取り入れることで1日50人しか出社しない状態が当たり前になったのです。事務所の中に人材がフルに詰め込まれるケースが減ったと言えるでしょう。その結果、100人用の事務所（大体200~300坪）は不要になったのです。

緊急事態宣言と自粛要請の連発によっていつ終わるとも知れないコロナ禍が継続している状態で、企業は不要になった大きな事務所を出て、現状の出社人数に対応できるグレードの事務所に移っていきました。

そうして、Sグレードのビルの空室率上昇と、Cグレードのビルのニーズ上昇が起こりました。Sグレードのビルの空室率は6～7％と高い水準になっています。

コロナ禍が終わった現在でも、この水準は変わらず高止まりしています。個人的意見ですが、仮にコロナ禍が完全に終わったとしても、事務所移転をした企業たちが再びインテリジェント・ビルに戻る流れになることは少ないと思っています。

そもそもオフィスビルにはどんな種類があるのか？

冒頭からSグレード、Cグレードというビルの話をしていますが、そもそもビルには各種のグレードが存在します。

どのようなビルの種類があるでしょうか。

・Sグレード：
総面積4万平米以上。フロアごとの平均面積380坪以上。天井の高さ2.75メートル以上、階数40階以上の大型ビル。「インテリジェント・ビル」とも呼ばれる。虎ノ門ヒルズ、六本木ヒルズ、渋谷ヒカリエなど、ビルにはシンボリックな名前がついている。

・Aグレード：
総面積3万平米以上・4万平米未満。フロアごとの平均面積300〜380坪未満。天井の高さ2.75メートル以上、階数25〜40階の大型ビル。代表的なのはPMOシリーズ（野村不動産）、平和ビル（平和不動産）、ヒューリックなど、不動産会社がシリーズ化して名称をつけている。

・Bグレード：
総面積1万平米以上・3万平米未満。フロアごとの平均面積180〜300坪未満。天井の高さ2.75メートル以上、階数10〜25階の中型ビル。Aグレードとcグレードの中間に位置し、不動産会社がシリーズ化して名称をつけている。Aグレードと Bグレードはひとまとめで考えて良い。

・Cグレード：総面積1万平米未満。フロアごとの平均面積180坪未満。天井の高さ2.75メートル以下、階数10階の中・小型ビル。個人や一般法人が所有しているケースが多く、ビル自体に名称はあるが象徴的に呼ばれることは少ない。多くの中小企業が使用するのに適したサイズ感。

Cグレード以下のものもありますが、ここでは割愛します。本書で頻出するSグレードとCグレードを覚えておいてください。

さらに、私がおすすめしている区分オフィスはCグレードの中でもさらに小規模な、基準階面積100坪以下――特に40～60坪（平均50坪）の物件です。

これを周辺相場よりも割安に購入し、賃料アップ交渉をして安定的な営業外収益＝賃料収入を得ていく投資法です。

国家戦略特区でSグレードのビル建設は今後も続く

Sグレードのビルの空室率が6~7%で高止まりしているなら、今後はSグレードのビルが供給されないかというと、そうではありません。むしろ、今後もSグレードは増え続けると私は見ています。

その理由が「国家戦略特別区域（国家戦略特区）」です。

国家戦略特区とは、第2次安倍内閣の頃に成長戦略の柱の1つとして掲げられたもので、「地域振興」と「国際競争力向上」を目的に規定された経済特区のことです。安倍元総理が亡くなったあとも、現在の内閣総理大臣である岸田文雄総理が国家戦略特別区域諮問会議の議長として就任しています。

そして『日経不動産マーケット情報』によると、この国家戦略特区を活用したオフィスビルの大量供給は、私が本書を執筆している2023年から2029年まで続くと見込まれています。

つまり、これからもSグレードのビルの供給は続くということです。

そもそも、日本にはアジアの拠点として優秀な外資系企業がそれほど進出してきていません。そのため、GAFAM（G＝Google、A＝Amazon、F＝Facebook（現Meta）、A＝Apple、M＝Microsoft）のような超有名企業以外に海外には儲かっている大きな企業があることは、あまり知られていません。

しかし、現実には存在しています。

日本にアジアの拠点をなかなか置けない背景として、日本が他国と海で隔てられている（島国なので大陸でつながっていない）こと、税金が高いことなど、そもそもの参入障壁が高いことが挙げられます。

政府としてはこれを問題視していて、結果として国家戦略特区が設けられました。海外企業が日本に進出しやすいように税優遇を整備し、10年ほど前から海外企業を誘致することを計画しているのです。

そんなときに、ニーズとして最適なのがSグレードのビルです。

Googleのような外資系オフィスを想像してもらえるとわかりやすいですが、オフィス内にカフェテリアがあったり、遊べるスペースがあったりと、従業員1人あたりが使用する面積が日本よりも大きいです。

日本の50人規模の中小企業にとってちょうどいいサイズ感は1フロア100坪前後。つまり、1人あたり2～3坪の面積です。

一方、外資系は1人あたり5～6坪に広がります。単純計算で250～300坪が必要になり、必然的に大型ビルが必要になります。国家戦略特区の観点から見てもSグレードのビルは必要になっていくというわけです。

現実の話としては、コロナ禍により海外企業の流入は一時、停滞しました。しかし、コロナ禍も明けたこの先の社会を考えると、日本でも海外企業の流入は続くでしょう。Sグレードのビルはもとより、外資系に付随する下請け企業も流れ込んでくることが予想されるため、ビル全体のニーズは高まっていくと思われます。

オフィスビル投資は「VUCA時代」の経営安定の切り札になる

オフィスビル自体への全体的なニーズが高まっている（今後、高まっていく）ことを背景として、企業が内部留保を使ってオフィスビル投資を行うことをおすすめする理由は他にもあります。

そもそも、オフィスビルは企業にとってのネガティブイベントを救う「資産」になることです。

2021年には、日本の大手有名企業が次々と自社ビルを手放すというニュースが流れました。

有名なところで言えば、音楽業界大手のエイベックス、国内最大手の広告代理店・電通、旅行業界大手のJTBやHISが本社ビルを売却しました。

過去を振り返ると、2000年代以降ではNEC（2000年）、ソニー（2014年）、シャープ（２０１５年）、キリン（２０１３年）がそれぞれ本社ビルを売却していますし、ビール類シェアで業界トップに上り詰めたアサヒビールも１９８０年代前半に本拠地だった墨田区・吾妻橋工場を売却しています。

これだけを聞くと「景気の悪い話だ」と思うかもしれません。

しかし、視点を変えて見てみましょう。これらの大手企業は「売れる資産」があったからこそ、何かしらのネガティブイベントで業績不振になった際も、会社を倒産させずに生き残ることができたのです。

実際に、エイベックスの本社ビルはカナダの不動産ファンドに売却されて７２０億円を得ました。電通の本社ビルは３０００億円規模の売却額で９００億円近い売却益を得たそうです。

ＮＥＣは９００億円、ソニーは１６１億円です。キリンもアサヒビールも売却によって業績不振を脱し、後に「本麒麟」や「スーパードライ」を大ヒットさせて新たに本社ビルを建てました。

今、世の中は「VUCA時代」と言われています。

VUCAとは「社会やビジネスにとって未来の予測が難しくなる状況＝予測不可能」のことを意味します。Volatility（変動性）、Uncertainty（不確実性）、Complexity（複雑性）、Ambiguity（曖昧性）の4つの頭文字を取った造語です。

現実に、コロナ禍が来ることを予測できた人はほとんどいないと思います。またコロナによる社会の混乱が起きることも予測不可能だったでしょう。

しかし、それによって本業の売上が2～3割圧縮された企業が多く存在します。この現実は変えられません。

今後もそんな事態が起きたときに、生き残ることができるのは「その間をしのげる資産」を所有している企業だけです。その資産の1つとしてオフィスビルの所有があるのです。

実際にオフィスビル投資は本業とは関係ありません。だからこそ、いざというときに手放すことができます。そして、数年分の本業で得られる資金を確保でき、結果として、企業は生き残れるのです。

生き残っていれば次の一手が打てます。経営を安定させることもできれば、業績を回復させることもできるでしょう。

つまり、オフィスビル投資は「ＶＵＣＡ時代の安定経営の切り札の１つ」と言えるのではないでしょうか？

あなたの会社の未来を決めるのは内部留保金

前項を読んで、「内部留保があるのなら、むしろ設備投資に回してさらに売上を上げていくべきでは？」とお考えになる方も多くいらっしゃるかもしれません。

確かに、一時期の電機業界――ソニーやシャープのように、本業の調子が良いときにさらに本業の〝アクセル〟をベタ踏みすれば、もっと儲かると思います。その考え方を否定する気はありません。

しかし、先述のようにVUCA時代で先行きが不透明な世の中においては、攻めるだけではダメだとも私は考えます。

経営者は基本的に、ダメになったとき、プラスをよりプラスにすることによってマイナスをかき消すことを考えがちです。

ただ、この考え方だけでは、終わりのない戦いに身を投じることになり、戦争のために戦争をする修羅の世界に身を投じることとイコールになってしまいます。

ビジネスは「経済戦争」です。自社のシェア率を高めること＝自社の領土を広げることに他なりません。そのために毎日戦っています。この世界では黒字＝勝利であり、赤字＝敗北です。

しかし、そもそも何のために本業でお金を稼ぐのでしょうか？

これは置き換えれば「何のために戦争をするのか？」と同じです。

戦争をするのは領土を広げるためです。

他国に攻め入って勝利し、相手の領土を手に入れたら、その地をきちんと治めて平定することが必要です。

戦争はあくまでもその手段であり、目的ではありません。

このように考えると、企業が売上を伸ばすことはとても大切なことですが、それだけに邁進し続けるのは「ビジネス戦争のためにビジネス戦争をする行為」と同義ではないでしょうか。

儲けることは手段に過ぎません。儲けたお金でどのような目的を果たすかが大事なのです。本業で儲けたお金があるのなら、安定して〝年貢〟を納められる状態にする仕組みを作るべきです。広げた領土＝内部留保がお金を生み出してくれる仕組みを作るのです。

その解答の1つが不動産投資で、方法論の1つがオフィスビル投資です。

勝ち戦を継続してできた軍資金で営業外収益を構築していきましょう。おすすめなのが、しっかりと年貢を納めてくれる優秀な不動産というわけです。

このような仕組みを早いうちから持っておくことによって、本業がダメになったときにすべてが共倒れになるのを避けられます。安定した営業外収益を確保しておくことで、仮に本業が不調になったときでも踏ん張れる体力を維持し続けられるのです。

そして、そのような未来を決定づけるのは、今のあなたの会社にある内部留保の使い道次第です。

内部留保を使って「新しい武器」を調達するのか「領土を獲得する資金」として不動産に使うのか、ぜひ検討してみてください。

不動産投資をするなら節税よりも納税のほうがメリットあり

「本業が順調なら、不動産投資をするよりも節税をしたほうがいいのではないか?」

そんな意見もあるかと思います。

節税は決して悪いことではありませんが、不動産投資をするしないにかかわらず社会的信用の面からもむしろ納税をしたほうがいい、と私は考えます。特に不動産投資をするなら、しっかりと納税をしておいたほうがいいでしょう。

会社の調子が良ければ良いほど、支払うべき税金の額も増えますから、できるだけ節税をして税金の支払いを抑えたいと考えるのは当然です。有価証券や不動産投資を行う、生命保険に加入するなど、投資という側面であればその考え方は正しいでしょう。

しかし、中には高級車やクルーザーや高級ブランド品（時計など）を購入して「節税＋嗜好品」として会社のお金をモノに変える人もいます。

正しく行えば、節税が悪いことだとは言いません。しかし、金融機関からの社会的信用を考えると、むしろ納税したほうがいいと思うのです。金融機関からの社会的信用を得られる＝今後の融資が有利になるからです。投資をしないにしても今後の経営資金を調達する場合でもメリットがあります。

たとえば、１億円の経常利益が出たA社とB社があるとします。

A社はきちんと納税を行い、B社は５０００万円の節税を行って納税しています。

A社は納税が約30％なので、3000万円が納税額、7000万円が純利益として手元に残ります。

一方、B社は節税した残り5000万円から納税するので、納税額は1500万円、純利益が3500万円になります。純利益に倍の違いが出ますね。

では、両者を社会的信用の観点で見てみましょう。

私の経験上、金融機関は一般的に純資産に対して3倍のレバレッジで融資を考えてくれます。レバレッジとは「経済活動において他人資本を使うことで自己資本に対する利益率を高めること。その倍率」という意味です。

A社とB社が翌年に金融機関から融資を受ける場合、A社は7000万円の純利益の3倍の2億1000万円の融資を受けることができます。手元資金を加えると2億8000万円の経営原資で次年度をはじめることができます。

一方、B社は3500万円の純利益の3倍で1億500万円の融資を受けることができます。手元資金を加えて、1億4000万円で次年度をはじめることになります。

もちろん、これは融資を〝受けられたら〟の話です。社会的信用でA社に劣るB社が融資を受けられない可能性もなくはありません。その場合には、次年度の経営資源の差はさらに大きくなります。

くり返しになりますが、不動産投資も節税の1つなので節税そのものを否定するわけではありません。しかし、下手な節税をするくらいなら納税をして社会的信用を獲得した上で、営業外収益をもたらす賢い投資をしたほうが、長い目で見ると得と言えるのではないでしょうか。

100年企業になるためには「貸事務所業」が最強の手法

そして、営業外収益をもたらす賢い投資の手法として本書でおすすめしているのが不動産投資――それもオフィスビル保有による投資です。

経営の側面から言えば、これは本業に「貸事務所業」をプラスすることになります。

もしかすると「貸事務所業」という言葉に耳馴染みがないかもしれません。

貸事務所業とは「主として事務所や店舗、その他の営業所を長期にわたって賃貸する事業」のことです。

帝国データバンクの【全国「老舗企業」分析調査（2022年）】によると、現在、日本には4万社を超える老舗企業（創業100年を超える企業）が存在するそうです。

そしてその中で老舗企業の業態別に示した件数データが出ています。ページの関係上、1～5位までをお伝えすると、

・5位……一般土木建築工事業：621社
・4位……酒小売業：687社
・3位……旅館業：738社
・2位……清酒製造業：893社
・1位……貸事務所業：1245社

と2位に1．5倍近い差をつけてトップが「貸事務所業」なのです。

さらに言えば、貸事務所業を専業にしているより、副業的に経営している事業者のほうが圧倒的に多いです。代表的なのが「財閥系」と言われる企業たちです。

日本で「4大財閥」として知られる三井財閥、三菱財閥、住友財閥、安田財閥は明治の頃より継続して事業を行い、150年以上も事業を継続しています。

もちろん、財閥系は商社や銀行、住宅系不動産などの多角化経営を行っています。しかし、売上や純資産規模を大きくして来られたのは、間違いなく「オフィスビルの保有」が要因であり、保有するオフィスを貸し出す貸事務所業によるものだと、私は考えます。

●なぜ同じ不動産でも住宅よりビルなのか？

「不動産を賃貸するなら、オフィスビルではなくマンションなどの住宅でもいいのでは？」

そのように考える方もいらっしゃるかもしれません。

確かに、先の財閥系の話で言えば、4大財閥は不動産において住宅やマンションも多数販売しています。それに、現在も「兼業大家で不労所得を得よう」をテーマにした書籍も多数販売されています。

しかし、私としては、住宅系はおすすめしません。というのも、投資においては「供給されていないもの」に投資することが一番安定するからです。

ビル系も住宅系も、不動産は「大規模」「中小規模」に分けることができます。

住宅系の大規模と言えばタワーマンションやホテルなどです。中小規模は通常のマンションや戸建てなどです。

しかし、いずれの場合も住宅系は供給過多な状況が続いています。

総務省統計局の調査「住宅・土地統計調査」（5年ごとに実施）によると、平成30年（2018年）の時点で空き家の数は848万戸と、前回（2013年）の調査よりも増加傾向にあるようです。

しかも、供給される背景には「買いたい人」のニーズ（購入ニーズ）があり、それは「借りたい人」のニーズ（賃貸ニーズ）ではありません。

購入ニーズによって供給されるものは、あくまでもその人によって所有・消費されるだけであり、お金を生む資産にはなり得ないのです。

●オーナーの視点で見る住宅とビルの違い

では今度は、オーナー目線で賃貸ニーズを考えてみましょう。

住宅系とビル系を比較しても、オーナー目線＝大家目線で大きな違いがあります。

一目でその違いがわかると思いますが、ビル系のほうが長期間借りてもらえますし、家賃を上げやすいです（インカムゲインを増やしやすい）。また、劣化もしづらく、仮に退去される場合でも6ヶ月と猶予が長く、しかも原状回復費はテナント側が持ち、開発による価値上昇の可能性が高く、売却の際に買ったときと同等かそれ以上で売れる（キャピタルゲインが発生しやすい）可能性が高いのです。

人口減少で日本人が減っている現状に鑑みても、住宅系の賃貸ニーズは今後、ますます減っていくことが予想されます。

住宅系	比較内容	ビル系
個人	入居対象	法人
短い	平均入居期間	長い
ほぼない	賃料上昇	大きい
多い	設備負担	少ない
オーナー負担	原状回復費用	テナント負担
早い	劣化スピード	遅い
１ヶ月前予告	解約予告	６ヶ月（一般的）
ほぼない	開発メリット	大きい
比較的容易	テナント付け	立地次第、プライシングによる
値下がりが起こり得る	売却価格（購入時より）	値下がりしにくい（都心部）

※住宅系の値下がりしやすいに関して表現の仕方を検討する必要性あり

しかし、企業はそもそも事務所が必要なので、そのニーズは担保され続けます。加えて、先述の財閥系の話もビルを選ぶメリットになります。

確かに財閥系は住宅系の不動産を多数〝販売〟しています。決して自社で保有するのではなく、利益を確定するために販売、つまり手放しているわけです。

もし、住宅系のほうが保有するメリットが高いなら、財閥系が手放すはずがありません。逆にビル系は保有しています。そこから何が読み取れるかは、もうお分かりですね。そう、自分たちにメリットがあるからこそビルを保有している、というわけなのです。

頭金3000万円から始められるオフィスビル投資があった！

このように、オフィスビル投資の魅力がお分かりいただけたかと思います。

他にも魅力となるものはありますが、その内容は次章でお伝えするとして、実際にオフィスビル投資を始めるときにハードルとなる問題を先に語っておきましょう。

そのハードルとは「お金」です。

オフィスビルを購入しようと思うと、数億～数十億円の資金が必要になってきます。特に、本書でおすすめするような都心のビルであれば必然的に価格は億に上ります。そうなると、誰でも手を出せる投資法ではなくなってしまいます。

それを解決するのが「区分所有」という考え方です。

ビルを一棟で買うのではなく1フロア＝区分オフィスを購入するのです。

区分オフィスであれば1億円くらいでも優秀な物件は都内に多数存在します。1億円と言っても満額を出すのではなく、銀行融資を加味して2000万～3000万円の内部留保があるなら、それを頭金にして購入できます。

より多くの内部留保があるなら、1フロアと言わず、2フロア、3フロアと購入するのもいいでしょう。

しかも、この考え方は一棟に手を出せない人だけではなく、ベンチャー企業や個人投資家にも向いています。内部留保や貯金額が数千万円程度でも、区分所有ならはじめることができるからです。

仮に購入したとしても貸事務所業にはデメリットがほぼありません。安定しているだけでなく、仮に融資で購入したとしても、返済は賃料収入によってほぼテナントが支払ってくれます。融資を返済したことはオーナーの実績になりますので、言い方は悪いですが「他人のお金で自分の社会的信用を上げられる」と言うわけです。

今、世間では「ＦＩＲＥ」が話題です。「Financial Independence, Retire Early」の頭文字を取ったもので「経済的自立と早期リタイア」を意味します。

個人は言うに及ばず、貸事務所業によって安定的な営業外収益を得ながら本業に専念できることは「企業にとってのＦＩＲＥ」ではないでしょうか。もちろん、営業外収益を得たからといって本業を辞める必要はまったくありません。むしろお金に対するストレスなしで集中すればいいのです。

その未来は３０００万円からはじめられるのです。

第3章

なぜ今「オフィスビル区分所有投資」なのか?

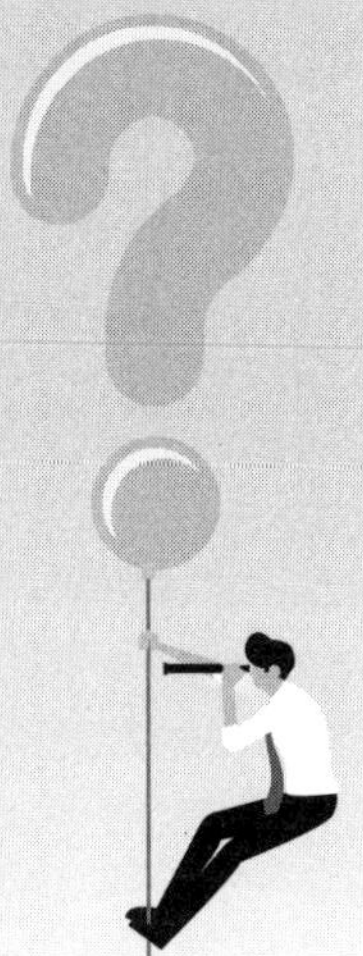

ビルを買うなら一棟買いか？　それとも区分所有か？

前章までで「企業にとってのＦＩＲＥ」を実現する方法として貸事務所業によって安定的な営業外収益を得ることをお伝えしました。

そのための方法論が、ビル系への不動産投資です。


では、実際にオフィスビル投資をする場合に検討すべきことは何でしょうか？

それは「一棟買いするか？区分所有をするか？」「どのグレードのビルを買うか？」です。

その疑問を１つずつ解説します。


まず、一棟買いか区分所有かは、「予算の問題」とも言えるでしょう。

もし内部留保が潤沢にあり、企業としての社会的信用が充分にあって金融機関から融資を得られやすいのであれば、一棟買いは「あり」です。たとえば、あなたの会社に5～10億円の内部留保があるなら、都内のオフィスビル一棟買いは選択肢に入ります。

1億円前後の投資なら、数千万円の拠出可能資金があれば充分に選択肢を選べるため、かなり取っつきやすいです。

実は、1億円の自己資金で融資を受け、3億円くらいで一棟ビルを買いたがる人は意外に少なくないのですが、それではいい物件は手に入りません。

第1章でご紹介した、西新宿のビル区分（1フロア50坪）を2億円（2フロアで4億円）で購入した例と比較してみましょう。

50坪の一棟ビルを2億円で購入します。仮に5階建てだとして1フロアは10坪の計算です（10坪×5フロア＝一棟50坪）。

同じ50坪・同じ価格2億円で一棟買いと区分所有を比べてみると、中身はまったく違う結果になります。

ビルのグレードとしてまったく異なるのです。区分で買ったほうは1フロアですが50坪あります。片や一棟ビルのほうは合計50坪ですから、各フロアは10坪しかありません。

前者はCグレードのビルの区分に入りますが、後者はいわゆる「ペンシルビル」と呼ばれる激狭物件になってしまいます。

詳しくは後述しますが、一棟買いと区分所有を比較する際、金額が大きく異なるならOK、同じ金額ならNGと覚えておいてください。

なぜ「ペンシルビル」を買ってはいけないのか？

前項で「ペンシルビルはおすすめしない」とお伝えしました。

ペンシルビルとは、狭い土地に建てられた中層建築物の通称です。

縦に細長い形が鉛筆（ペンシル）に例えられました。イメージとしてはテトリスの長い棒（テトリミノと呼ぶそうです）のようなビルです。

都内にはこのようなペンシルビルが2～5億円で売られています。しかし、間違ってもペンシルビルを購入してはいけません。

それはなぜでしょうか？

一番の理由は、1フロア10～15坪の広さのビルだとテナント付けに苦戦するからです。第2章で、日本企業の1人あたりの面積は2～3坪だとお伝えしました。この基準でペンシルビルのテナントとなる企業を想像してみてください。恐らく、1人社長でやっているような起業家、多くても5人までの零細企業がターゲットです。

IT系や通販系の企業であれば別ですが、それだけ人員が少ない企業の場合、当然ですが売上規模は小さく、かつ事業継続性も低くなります。

オフィスビル投資の本質は、安定したインカムゲイン（賃料収入）を得ることが前提です。売上と事業継続性が望みづらい企業がテナントになった場合、早期に撤退されたり、短期間（数年以内）に倒産されたりして、空室が発生する可能性が高いのです。

空室になったあとも手狭であるがゆえにテナント付けに苦労します。購入後に借り手が見つからず、空室率が高くなって利回りが低くなってしまうのです。借り手を同じサイズで割安な「SOHO可のマンション（自宅を事務所としても利用できるアパートやマンション）」に取られてしまうこともよくあります。

実際に、ついついビル一棟のほうが魅力的に感じて〝安物買いの銭失い〟に陥り、最終的には利回りが取れないため仕方なく売却する企業を数多く見てきました。しかも利回りが低いために売却価格も安くせざるを得ず、大きく損をするケースばかりでした。

もしも、内部留保から5000万円の使えるお金があったとしたら、1億5000万円を借りて一棟ビルを買うのではなく、もう1ランクグレードの高い一等地のビルの一区分に投資をしたほうが断然お得です。

テナントも買い手もすぐに見つかるので、インカムゲインもキャピタルゲインもより高く得られるからです。

さらに言うと、区分所有は比較的安く手に入ります。

なぜなら、ビルの世界には「買うなら一棟だよね」という〝なんとなくマーケット〟が存在するからです。多くの人がビルを買うときは「一棟で買う」が前提の頭になっているため、マーケット的には意識されない区分所有は必然的に割安になって出てくることが多いのです。

投資の本質は「相場よりも安く買う」ですから、ビル区分はその考え方にもしっかりマッチしています。

都内でなければビル一棟買いは選択肢に入るか？

ここまでは「都内のビル一棟か区分か」の話をしてきました。

では、地方都市のビルはどうでしょう？

確かに、大阪、名古屋、札幌、福岡などの地方都市で探すと都心と同じ金額で、より広い面積のビルを見つけることができます。

広さと価格、両方の問題を一気に解決できて魅力的に感じるかもしれません。

しかし、答えを言ってしまうと地方都市の場合もビル一棟買いは「おすすめしない」です。

私はオフィスビルを買う場合は、都心の主要5区をおすすめしています。

その理由は、大前提である安定稼働を求めるときに、本社所在地として選ばれるエリアでビルを購入する必要があるからです。

総務省統計局のデータによると、企業の本社が所在している都道府県別の状況で圧倒的に多いのが東京都です。その数25万企業以上で、これは企業全体の約17％に上ります。次いで大阪が約11万企業、愛知県が約9万企業と続きますが、それでもダブルスコアで東京が圧倒的に多いことがわかります。

このように、企業がオフィスビルを借りる際には、必然的に東京に本社を置き、地方都市は支社や支店を置く場所になります。現在、札幌と福岡が支店の二大巨頭と言われていますが、それでも地方都市はおすすめできません。

たとえば、コロナ禍のようなネガティブイベントが起きた際に、経済が悪くなって企業が一部撤退を検討しはじめる場合、最初に起こるのが「支店撤退」だからです。

ある企業が東京と埼玉に物件を持っているとします。

もし景気が悪くなって支店を撤退させるとしたら、どちらを撤退対象とするでしょうか。

不動産オーナーにとって東京は、地方都市での動きを見た上で「所有している物件をどうするか」を検討することができます。

これが、地方をおすすめしない理由です。

数億円で購入できる中古Cグレードのビルが勝ちパターン

では、次に「どのグレードのビルを買うか？」を考えていきましょう。

第2章でもお伝えしたようにビルにはグレードがあります。中でも私がおすすめしているのがCグレードのビルです。

新築で買う必要はありません（理由は別章でお伝えします）。むしろ築30年前後の中古をおすすめします。

さらに、一般的なCグレードビルの基準では「フロアごとの平均面積180坪未満」とされていますが、私が本書で推したいのはそれよりもずっと小規模の、基準階面積100坪未満の物件です。

理想を言えば40~50坪です。中小企業にとってちょうどいいサイズ感のものを区分所有で投資するといいでしょう。

中古Cグレードビルをおすすめするのは、需要と供給のバランスが明らかに「売り手市場」だからです。

第2章でSグレードのビルの供給が、国家戦略特区の影響で今後も増え続けることをお伝えしました。しかし、現実を見るとビルを建てるための土地が足りません。東京都心は建物が乱立しており、4万平米以上の土地はそう簡単には確保できないのです。

すると、どうなるか？　建設予定地周辺の建物をまとめて取り壊して土地を確保しようとします。取り壊される建物にはCグレードのビルも入っています。

結果的に、Cグレードのビルはその数を減らすことになります。新しく建てられていないわけではありませんが、それでも明らかに減少の一途を辿っています。

不動産に限らず、資産を守るための投資をする上で大事なのは「供給しづらいものを持つ」ということです。

オフィスビルに特化して考えても、供給され続けるSグレードよりも、減少傾向にあり、かつ売り手市場のCグレードビルのほうが資産としての価値は、この先上がっていきやすいことは明白です。

さらに、この流れの中にコロナ禍が加わりました。企業がリモート化や交代勤務制によって大きなビルを出て、中小のビルへ移ったことはお伝えしましたが、この流れによってCグレードのビルの需要はさらに増していきます。

企業にとって事務所は絶対に必要です。「本社」は会社のシンボルだからです。

そうなるとニーズが変化する中で結局、求められるのはCグレードのビルになるというわけです。Cグレードのオフィスがインフレ化するのです。

当然ですが、需要超過となれば賃料アップの交渉が圧倒的にしやすくなります。

賃料が上がれば利回りも良くなり、資産としての価値が上がるので、安定する上に高い営業外収益をオーナーは得ることができます。さらに、もしも売却しなければいけなくなったときも購入時より高く売れる可能性が出てきます。

さまざまな側面から見ても、Cグレードのビルが投資の勝ちパターンに当てはまります。

近隣のSグレードのビルは競合相手になりうるか？

Cグレードのビルの勝ちパターンについて、少し未来の話をします。

もしあなたがCグレードの1フロアを持ったとして、近隣にSグレードのビルがあるとします（もしくは、新たに建てられたとします）。

そんなとき、テナントがSグレードのビルへ移動してしまうリスクを感じるかもしれません。築30年の中古の50坪に比べたら、確かにSグレードのインテリジェントビルはキラキラしていてカッコよく見えるでしょう。

しかし心配はいりません。ゼロとは言いませんが移動はまず起こらないからです。その一番の理由は、規模感がまったく異なるからです。Sグレードの場合、最低でも1フロア300坪以上です。

1フロア50坪前後のCグレードと比較するとその差は6倍以上。一般的な中小企業にとっては宝の持ち腐れとなる広さです。

「インテリジェント・ビルでも区分けすれば50坪のものもあるのでは?」

たしかに、同じ50坪であればSグレードに軍配が上がりそうですね。しかし、それでも答えは「NO」です。そもそもの賃料単価が大きく違うからです。

たとえば、虎ノ門ヒルズが区分けされて50坪で借りられるとします。それでもSグレードのビルの賃料は最低でも坪4万円前後からです。50坪を借りる場合、月の家賃は200万円になります。

一方でCグレードはエリアにもよりますが1万5000円前後です。ここでは高く見積もって2万円としてみましょう。それでも50坪で100万円。その差は2倍になります。

オフィスの設備は、住宅とは違ってあまり差がありません。階段やエレベーターがあって、あとは各階の壁やドア、天井、床があるだけです。基本的なところはグレードに関係なく用意されています。

企業としては、物件選びのポイントは立地や家賃くらいしかありません。立地に関しては、都内の主要5区であればそれほど大きな差はありません。そうなると一番の問題は家賃です。

家賃に2倍以上の開きが発生するのであれば、必然的に安いほうを選ぶのではないでしょうか。このように、仮に近隣にSグレードのビルができたとしても、競合にはなり得ないのです。

●そもそもなぜSグレードのビルは高いのか？

ではなぜ、Sグレードのビルの家賃はそんなに高いのでしょうか？

原因は「建設コストとオペレーションコスト」です。

インテリジェント・ビルと呼ばれるSグレードは、ほとんどがここ10年ほどの間に建てられています。一方で私がおすすめする築30年前後のCグレードのビルが建てられたのはバブル期（1990年前後）です。

ビルを建てた以上、そのコストを回収しなければいけません。

貸事務所業でそれを回収するとなると今の単価で設定しないと回収率は悪くなりますから、必然的に家賃は高くなります。これがSグレードの家賃が高くなる理由です。Cグレードは当時のままから少し賃料アップするだけで回収できるのです。

もちろん、先述の基本的な設備に比べてSグレードのビルは豪華です。コシェルジュがいたり、天井が高かったり、フリースペースがあったり、レストランゾーンがあったり、エレベーターが複数台あったり、と国境の垣根を越えた働き方を実現するためのブランディングが成されています。

さらに言うと、Sグレードのビルにテナントとして入っているというブランド性もあるでしょう。また、Sグレードのビルにある企業に勤めているという社員さんの精神的な満足度もあると思います。

しかし、結果的にこれらはすべてコストとして賃料に跳ね返ってきます。ふんだんにお金がかかっている分、賃料を高く設定せざるを得ないのです。

●フリーレント期間で実質の利回りが下がることもある

もう1つ、裏側の事情をちょっとお話ししたいと思います。

コロナ禍によってSグレードのビルの空室率が上がったという話をしましたが、その是正のために不動産会社が取った手段に「フリーレント」というものがあります。あまり耳馴染みのない言葉かもしれません。平たく言うと「賃料無料期間」を設けてテナント付けをしやすくしようとする施策です。

企業がオフィスを移転する際、家賃の区切りを綺麗に翌月から移転できるとは限りません。一般的にビルテナントの解約の事前告知は6ヶ月です（3ヶ月のところもありますが）。仮に告知から3ヶ月後に移転ができたとして、前のオフィスに対しては残り3ヶ月分の家賃が発生してしまいます。

ここに新しいオフィスの家賃が乗ってきます。要するに家賃がダブルで発生する期間が生まれてしまうわけです。

フリーレントは、新しく入居するテナントの家賃を数ヶ月間無料にすることで、家賃のダブル発生を回避しようという方法です。無料期間は一般的には2~3ヶ月、長いものでは1年のところもあります。

しかし、ここに落とし穴があります。

貸す側からすると、1年間のフリーレントを設けたとして、その間にテナントが出て行ってしまったら困ります。1円も家賃を得ることができないからです。

そこで本来は2年間の賃貸借契約期間を5年にしたりします。

要するに「1年分の家賃は無料にしますから、入ったら5年間は出て行かないでください（4年分の家賃は納めてください）」ということです。もしも、5年以内に退去する場合は、フリーレントの1年分がペナルティとして発生したりします。

まるで、かつての〝携帯電話の2年縛り〟のような契約ですが（現在は大きく制限されています）、その不動産版がSグレードの物件にはあるのです。

Cグレードの場合は基本的にそのような契約はありません。ですから、この部分でも競合にはなり得ないと言っていいでしょう。

頭金1200万円の事例で見る区分所有の可能性

ここで1つ、オフィスビルの区分所有で成功したクライアントの事例をご紹介しましょう。第1章でご紹介したのは、ビル投資そのものの事例でしたが、これは区分所有による例です。

E社はもともと自社使用の目的で購入しましたが、融資のしやすさや将来性も含めて、未来への可能性があると考えました。

具体的には、東京・山手線内の築30年のビルを6000万円の物件です。規模としては1フロアで15坪と小さめですが、自社使用が目的だったので問題ありません。

頭金は1200万円。銀行融資が4800万円も引けたので、4倍のレバレッジが利いたことになります。

ちなみに、「自社で使う」という名目は銀行融資がおりやすい側面があります。仮にそのビルにテナントが入っていたとしても「今のテナントが抜けたら自社で使いたい」という打診ができれば、それだけ銀行融資はおりやすくなります。

さて、ここで知っていただきたいのは、「ローンを組んで返済するのも、テナントとして借りて賃料を払うのも、お金を払うという意味では同じ」ということです。

ただし、1つ異なる部分があります。それは出ていくお金の「性質」が違います。

この物件をE社が賃貸で借りる場合、そのお金は所有者にお金をあげ続けることになります。つまり、他人の貯金箱にお金を入れてあげる行為です。

一方、購入した場合は「自分の貯金箱」にお金を入れ続ける行為になります。

具体的に見てみましょう。この事例の物件の賃料は坪当たり1万5000円でした。15坪で約23万円が毎月の賃料になります。

賃貸の場合は所有者に対して23万円を毎月払い続けます。購入した場合は、融資の額によって返済額は変わりますが、仮に同額の23万円としても、それは「自分の資産」に対しての支払いなので、結局は自分の貯金箱になります。

この考え方をさらに発展させていきます。

物件を購入し、仮にローンを20年で組んだ場合、10年経った時点では返済の半分が終わっていることになります。4800万円のうち2400万円は支払いが完了しているわけです。

もし、この時点で買ったときと同じ6000万円で売却できたとしたら、頭金の1200万円も含めて3600万円が返ってくることになります。

つまり、購入した場合は10年後でも会社にキャッシュが残るのです。

同じお金で他人の懐を温めるのか、自分の懐を温めるのか——こう考えるとおのずと答えは出ると思います。E社はこの認識もあって自社使用で区分所有に踏み切りました。

現在、この会社は自社使用で着々と資産を構築しています。もし数年後にこのクライアントの業績が良くなって手狭になり、事務所を移転することになったとしても、今度はこの物件が「貸事務所」として機能します。

今までお金を自分で自分の貯金箱に入れていたものを、今度は他人が自分の貯金箱に入れてくれることになるわけです。

さらに、この物件の周辺相場の賃料は坪2万円ほどなので、売却時には7000万〜9000万円で売れる可能性が高いです。

いかがでしょうか？

このように、区分所有でも、中古のCグレードでも、少額の資金（頭金）で大きな可能性が見えるのです。

海外富裕層に買い漁られる前に日本人が不動産を所有すべき

ここまではミクロな話での比較論を行ってきましたが、ここで目線をマクロに――世界に向けてみましょう。

『PRESIDENT Online』の2023年5月の記事に「中国人富裕層が日本の不動産を爆買いする本当の理由」というセンセーショナルなタイトルの記事が載っていました。この記事では、日本の不動産が爆買いされる理由として、日本の不動産が割安で、さらに海外に比べて購入の制限がないことが指摘されています。

今、海外投資家の中で日本の不動産に注目が集まっているのです。

まず価格については、なんと、上海のマンション1室分のお金で日本のビル一棟が買えるそうです。

日本人が知らないだけで、世界はどんどんお金持ちになり、物価上昇によって日用品や飲食代だけでなく、不動産も高騰が続いています。

一方、日本では回復の兆しが見えていますが未だ経済は停滞しています。モノの値段は上がっていますが、それでも海外に比べるとその上昇は緩やかで、結果的にお金を持っている海外の富裕層や投資家からすると「割安」と考えられているのです。


さらに、もう1つの理由として、中国に限って言えばお国柄の問題もあります。

『まいどなニュース』２０２０年12月の記事に「中国では土地が買えない。買えるのは『70年間の使用権』だけ」というものがありました。

中国では「土地は国家のもの」という決まりがあり、個人が都市部の土地を所有することはできません。市民が家を買うときは土地の使用料（土地を使う権利を得るためのお金）を払わなければいけないのです。

しかも、住宅用の土地の場合は70年の期限が法律で定められています。

日本にはそのような権利の制限はありません。国籍を問わず、誰でも自由に不動産取引が行えます。さらに言ってしまえば、日本は諸外国に比べて治安も良く、清潔な水が蛇口からいくらでも出てきて、経済的に発展していて、さらに春夏秋冬を通して色々な食べ物があって味もおいしい国です。

「割安で、使用制限なし、そして治安良し」のトリプルメリットは、海外の富裕層や資産家からすれば「あり得ない状況」であり「買わない理由がない」状態と言えるのです。その価値に気づいていないのは、日本人だけかもしれません。

ですから、日本人こそ日本の不動産に対する魅力や優位性に今すぐ気づいてもらいたいのです。

●日本の不動産を買うことは国防にもつながる？

かつて、日本の大衆文化の1つだった浮世絵。後世にその価値に気づいたのは日本人ではなく外国人でした。西洋絵画に大きな影響を与えた浮世絵は、1867年のパリ万博でジャポニズム・ブームが起こって以降、かなり安く輸出されてしまいました。

私は、日本の不動産も同じようなことになるのではないかと危惧しています。日本人がその価値に気づいたときにはすでになくなっている（実物の土地はあっても日本人のものではなくなっている）のではないか、とさえ思っています。

今、日本の不動産は外国人に買い漁られています。それに対して議論が巻き起こっている状況です。

主な論点は安全保障上の問題で、自衛隊基地や原発のような重要施設の周辺の土地を外国人が自由に買える状況が問題視されているのです。

本書のテーマはオフィスビルなので、そのような諸問題とは分けて考えていいのかもしれませんが、それでも日本の不動産が外国人に所有されてしまうことは、国益に反するものと考えることもできます。

そう考えると、日本人が日本の不動産を購入することは外国からのサイレント・インベージョン（目に見えない侵略）から日本を守ることとも言えるのではないでしょうか。つまり、国防にもつながるわけです。

本章の最後は少し大げさな話になってしまいましたが、それでも海外のお金持ちは自国と他国を比較し、より投資として有意義なものを選択しています。

ビル一棟か区分所有か、Sグレードか C グレードか、新築か中古か。

あなたも経営者であり〝兼業投資家〟として、ぜひ比較・検討をしながらオフィスビル投資を考えてみてください。

それが対国外、対国内において、乗り遅れない秘訣と言えるでしょう。

第4章

区分所有がおすすめの5つのメリット

賃貸でも売買でも中古Cグレードへのニーズが高まっている

ここまで「ビル一棟買いより区分所有」「Sグレードより中古のCグレード」とオフィスビル投資について解説してきました。

では、具体的にCグレードのビルを区分所有で持つことには、どのようなメリットがあるのでしょうか?

本章では、5つのメリットをご紹介します。

Cグレードのビルを区分所有するメリットの1つめは、Cグレードへのニーズが高まってきていることです。

第2章で、コロナ禍によってSグレードへの需要が減り、空室率が高止まりしている話をしました。また今後、Sグレードへ戻る流れは起きにくいという私見もお伝えしました。これは私自身がオフィスビル取引の現場で感じていることに由来します。

コロナ禍には、100坪以上の比較的大きな事務所は必要ないとされました。そのようななかでも、安定したニーズがあったのが40～50坪の物件でした。テナントの退去が起きても1ヶ月もあれば次が決まるくらい絶好調でした。

今は少し状況が変わってきていて、Sグレードのニーズは変わっていないけれど、Cグレードだけニーズが膨らんでいる状態です。

100坪を超えるくらいの比較的大きめの1フロアであっても次が決まるようになってきました。テナントが抜けて大体2ヶ月もあれば次が決まります。この兆しは2022年頃から見えはじめました。

恐らく、2年以上のコロナ禍でコロナへの耐性ができたのでしょう。もはや、新型コロナウイルスは未曽有のものではなくなり、その概念に慣れ、人々の中に浸透していったことによって「賃貸ニーズ＝大衆心理」そのものが回復したのだと思われます。

賃貸ニーズの高まりは、同時に売買ニーズの高まりも誘起しました。

50坪前後から100坪に至るまで、賃貸や売買が心理の緩和によって怖くなくなり、次のテナントや買い手がつきやすくなったのです。

当然、賃料アップもしやすくなり売買価格も2割程度の上昇が起こっています。

さらに言ってしまうと、これらのことがそれまで「知る人ぞ知るもの」だったのが、一般の投資家にも気づかれはじめています。


前章の最後で日本の不動産が海外富裕層や投資家からターゲットにされている話をしましたが、国内外を問わず注目している人も増えてきているのです。

これは一見すると危機的な状況に見えるかもしれませんが、見方を変えれば今すぐはじめることで大きなリターンが得られるチャンスとも言えます。

中古のCグレードはマイナーなので割安に買える

2つめのメリットは、中古のCグレードの物件はマイナーがゆえに割安で買えることです。人間心理として、損な買い物はしたくないものです。これは不動産も同じです。買ってから価値が下がる＝賃料を下げないといけない、買ったときよりも安く売らざるを得ない状況は避けたいですよね。不動産会社の中には「大丈夫です、売りたいときにすぐに売れますよ」という人もいます。しかし、それは「損切り」も含めた考え方です。要するに、採算を度外視すればいつでも売り切ることができる、という意味なのです。ですが、それでは投資の意味がありません。

重要なのは、買ったときよりも価値が高まり、賃料を上げてインカムゲインを増やすこと。売却する場合も、買ったときより高く売ってキャピタルゲインを増やすことです。

そうなると「仕入れが命」の考え方になってきます。

第3章でも軽く触れましたが、一棟買いと区分所有を比較すると区分所有はマイナーです。特にオフィスビルに関しては一棟買いが当たり前の〝なんとなくマーケット〟が存在します。

ですから、実際のマーケットでも一棟での売買のほうが件数が多いです。マンションでは当たり前の区分所有が、オフィスビルではなぜかマイナーなのです。

マイナーであるがゆえに、不動産会社の中にも適切に取り扱っているところは多くありません。

仮に、あなたがそういう物件を持っていたとしても「うちでは扱えない」「(面倒な物件なので)安くして利回りを良く見せないといけない」と言われがちです。実際、売りに出されている物件でも3分の2くらいの価格になっていることがよくあります。

ただ、この現実は見方を変えると、投資の本質「一般的ではない安いものを買う」の考え方に則すれば、ニッチである区分所有のほうが割安に買え、いい仕入れができることになります。

結果、買ったときよりも価値が上がりやすく、インカムゲインもキャピタルゲインも大きく取れるのです。

さらにここで、借り手の心理を少し踏まえて考えてみましょう。

中古のCグレードで40〜50坪のオフィスは、広さの面でも価格の面でも中小企業にはちょうどいいです。だからこそ、先述のようにコロナ禍でも安定して借り手がいたのです。

もし、そのテナントである中小企業の業績が良くなって、もっと広いオフィスが必要になった場合には、広いところに引っ越すよりは、同ビル内で増床する（同ビルの他の1フロアを借り増しする）ほうが経済合理性としては高いです。より広いオフィスを求めると、必然的にビルのグレードが上がり坪賃料も高くなるからです。それだったら「同じグレードでもう1部屋借りよう」と考えるのです。

こう考えると、仮に1フロアの区分オフィスしか持っていなかったとしても、そのフロアが空室になるリスクはかなり低くなります。特に中小企業の場合は撤退＝倒産のことが多いので、言い換えれば倒産しない限り、ずっとそのオフィスを使ってもらえることになります。

そういう意味でも、中小企業にちょうどいい区分オフィスを持っておくことは、安定的な営業外収益を獲得する最良の方法と言えるでしょう。

Cグレードなら移転コストよりも賃料アップのほうが割安

3つめのメリットは、購入後に賃料を上げても退去が起こりにくいことです。

前項で空室リスクが低い話をしましたが、3つめのメリットはその背景にある考え方に則しています。

区分オフィス所有で安定的な賃料が入ってくるようになったら、自然とその賃料を増やしていきたいと思うのがオーナーの心情だと思います。

特にロシア‐ウクライナ問題以降、現在もモノの価格が上昇しています。総務省の消費者物価指数では、約1年前と比べて3％も上昇しているそうです（生鮮食品を除く）。

一般的にニッチであり、割安に買える可能性が高い区分オフィスの場合、必然的に賃料も割安になりがちです。

さらに、周辺の相場と比べても賃料が割安な場合、賃料アップの交渉はとてもしやすくなります。周辺の相場を前提に、根拠を示して「ご時世なので家賃を上げさせてください」という交渉ができるからです。

これに対してテナント側も「絶対にNO！」とはなかなか言えません。

モノの価格が上がり、さらに不動産評価も上昇している＝オーナーが支払う固定資産税などの税金（コスト）も上がっている状況で、賃料が上がらないことはオーナーの収入が上がらないことになります。それではビジネス的には立ち行きません。一般の住宅の店子であればまだしも、オフィスビルの場合、テナントは会社＝経営者ですので、その辺りも理解してもらいやすいのです。

さらに、テナントである企業側にしてみれば、賃料が上がった分よりも移転コストのほうが結果的に〝高く〟つくことが多いです。

例えば、月50万円の賃料が10％アップしたら5万円で、年間60万円のコスト増になります。しかし、それを嫌って転居しようとした場合、

・次のオフィスの家賃
・次のオフィスの敷金（家賃の約6ヶ月分）
・移転費用（引っ越しに伴う費用）
・移転に伴う撤退作業（引っ越しまでの作業）
・ホームページ、名刺、謄本などの変更の事務作業
・金融機関や取引先など各所への連絡作業

などの、お金とそれ以外の人的コストがかかります。

仕事以外の作業に時間を割くのはけっこう大変ですよね。それを奪われるくらいなら、月5万円の賃料アップは安いものと考えてくれる人は多いです。

一棟買いよりも「修繕コスト」が見える化される

4つめは、一棟買いでは起こり得ない区分所有ならではのメリットです。

あなたが区分所有で物件を購入した場合、高い確率で「管理組合」が存在しているでしょう。管理組合とは、その物件の所有者たちで組織された団体です。

一棟のビルが区分所有化された場合、そこには必然的に「2」以上の所有者が存在することになります。その場合、管理組合を組成するのが一般的です。

管理組合の存在意義は、各所有者の意思疎通の促進や建物の維持管理を適正に行うことです。そしてその中には「長期修繕計画」というものがあります。

これは法律で決められているわけではありませんが、オーナーはすべきと認識されているものです。

住宅でもビルでも同じですが、建物は購入したらそれで終わりではなく、メンテナンスや修繕などの管理をしていかなくてはなりません。

ビルにおける修繕の主なものは「屋上防水」「外壁」「エレベーター」です。

他にも給排水設備や空調などの修繕もありますが、大きなものとしては右記の3つを覚えておいてください。

この3つの中で、最も高くつくのが外壁です。Cグレードのビルでも一棟になると、足場を組む外壁工事には、15~20年に1度、約2000万円の修繕費がかかります。エレベーターや屋上防水も含めると3000万円は見ておかなければいけません。

これらの修繕費を積み立てるのはオーナーの役割です。

このとき、区分所有であればすでに存在している他のオーナーと組成した管理組合内で、計算を用いて月々の修繕積立金を計画に基づいて貯金しているシステムが設けられているのです。これが長期修繕計画です。

システム化されていますので、当然「月々の修繕積立金」「修繕積立金の貯蓄額」「今日までの修繕履歴」といったことが見える化されています。

不動産を専業で営まない以上、修繕コストは悩みの種です。それを1つでも排除したい考え方からすると、これが見える化されているのは魅力的です。

では、一棟買いだとどうでしょう？

一棟買いの場合は当然、所有者は「1」なので管理組合は組成できません。

しかし、現実問題としてビルの修繕は必要になります。前のオーナーが過去の修繕履歴を残していればいいですが、そうでない場合はオーナーが自ら修繕計画を考えないといけません。

また、過去の修繕履歴があっても、購入後には修繕する必要がありますから、オーナー自身で「月いくら必要か」を計算し、賃料の中からより分けてストックしておく必要があります（管理会社に外注する方法もあります）。

積み立てない場合には、修繕が必要になった際に、その都度まとめて捻出する方法もあります。現在は、こちらのほうが一般的だったりもします。

どちらの場合でも、オーナーで修繕計画について頭をひねり、その分の金額を予定しなければいけません。その手間等を考えると、区分所有にメリットがあると言えます。

「大規模再開発」でビッグマネーが舞い込む

5つめのメリットは、大規模再開発によってオーナーにビッグマネーが舞い込む可能性が高いことです。これは個人的には最大のメリットだと思っています。

第2章でSグレードのビルの供給が今後も続くことをお伝えしましたが、これはCグレードのビルにとっても無関係な話ではありません。むしろ大きなお金が舞い込む非常に大きなチャンスでもあるのです。なぜなら、そこには「大規模再開発」が絡んでくるからです。

虎ノ門ヒルズのようなSグレードのビルを建てるとき、大規模再開発で必要になるのが「それに見合う広さの土地」です。

中でも2023年10月6日開業した「虎ノ門ヒルズ ステーションタワー」は、高さ約

266mの多用途複合超高層タワーです。

東京都港区に位置する虎ノ門に誕生した「虎ノ門ヒルズ」は、敷地面積が約6000坪。2014年に「森タワー」、2020年1月に「ビジネスタワー」、2022年1月に「レジデンシャルタワー」の3つが竣工されており、これに続く最後の竣工ビルとなったのが「ステーションタワー」です。

基本的にSグレードのビルの建設予定地では、既存の建造物はまとめて取り壊され、再開発が実行されます。虎ノ門ヒルズの例で言えば、約6000坪の建物が取り壊されて、新たに虎ノ門ヒルズが建てられたというわけです。

もしあなたが虎ノ門ヒルズ建設予定地内にCグレードのビルの1フロアを持っていたとしましょう。広さは50坪で坪賃料は2万円だとして、1ヶ月の家賃は100万円と仮定します。

そこに再開発の話が入ってきました。あなたの所有している物件のビルが取り壊され、そこが6000坪の巨大なビルに生まれ変わるとします。

すると50坪の区分オフィスを持つだけのオーナーが、開発後には「6000坪のうちの50坪を持つオーナー」になるのです。

不動産業界には「隣地は借金をしてでも買え」という教訓があります。

不動産の世界には規模が大きくなるほど価値が上がる法則があり、土地は大きくしたほうが、今ある不動産の価値そのものも上がっていくのです。

50坪の区分オフィスだけのときはそれ単体で価値が評価されます（それでも充分に価値はありますが）。

しかし、再開発によって仮にそこが6000坪になったら「6000坪を基準にした価値」で50坪を考えてもらえるようになるのです。


売買単価で言えば、Cグレードで坪400万円だったものが、銀座SIXのようなSグレードだと坪1000万円を超えてきます（過去に銀座SIXが坪単価1500万円で取引されているのを見たことがあります）。何もしないで2倍以上の価値になることもあり得るのです。

賃料で言えば、Sグレードは安くても4万円以上なので、Cグレードを坪賃料2万円で考えても、2倍のインカムゲインが入ってくることになります。

さらに付け加えると、再開発では大手の不動産会社が主導となって土地の取りまとめに奔走します。その際は「再開発後の新しい物件の所有権を手にする方法」か「土地の買い取り」かの条件でオーナー側には提示されます。

ここまでは所有権を持ち続ける前提で話をしてきましたが、もしも買い取りになった場合でも、ビッグマネーが舞い込む可能性があります。

なぜなら、相手は何が何でもその土地を手に入れたいからです。

当然、高価格で売却できる可能性は高くなります。相手も買ったときより高い金額を提示しないと売ってもらえないことをわかっているので、良い金額を出してくる可能性が非常に高いのです。

●もしも再開発エリアの隣のビルだったらどうなるか？

「でも、それはあくまでも再開発エリアに入っていればの話で、もしも道路一本でも外れていたら、その理屈は通じないんじゃないの？」「そもそも、どこで再開発をされるかなんてわからないじゃないか」

このように思われた方もいらっしゃるでしょう。2番目の質問は後述するとして、まずは1番目の質問に答えましょう。

もし、再開発エリアから外れていた——例えば、虎ノ門ヒルズから道一本隣だったとしても、まったく価値が変わらないことはあり得ません。

その理由は2つあります。

1つめの理由は、虎ノ門ヒルズのような大規模再開発が起こることで、現地だけでなくその周辺の不動産価値も併せて上昇する傾向にあるからです。

もちろん現地と同じような上がり方はしないでしょう。しかし10％でも上がればそれだけ賃料も売却価格も上昇のアプローチが取れます。

2つめの理由は、再開発によってCグレードのビルの数が減るからです。Cグレードのビルを壊して、Sグレードのビルを建てるための土地を確保するためです。

需要と供給の話で、数が減れば減るほどそのモノのレア度は上がり、価値は上昇します。Cグレードのビルへのニーズが存在する中で、再開発イベントによって、現物のビルが減るわけですから、必然的に競合となるCグレードのビルが減り、価値は上昇します。当然ながら、賃料や売却額はアップしやすくなるのです。

区分オフィスを持つことはリスク分散よりも「メリット分散」で考えよう

投資の世界には「リスク分散」という考え方があります。

1つの金融商品に資金をまとめて投資せず、値動きの異なるさまざまな種類の資産に分散して投資したほうがリスクを分散でき、安定性が増す考え方です。

たとえば、1000万円のお金をソフトバンク社の株に全額投資するよりは、他にファーストリテイリング（ユニクロ）やTOYOTA、Amazon、三菱UFJ銀行に200万ずつ分散投資するほうが、リスクが分散できます。

この考え方は不動産でも同じで、時に「区分所有はリスク分散」の考え方で語られることがあります。

しかし私は、リスクではなく、むしろ「メリット分散」だと考えています。

5億円の資金があって不動産を買うとして、一棟であれば5億円のビルを1つしか買えません。しかし、区分オフィスであれば1億円の1フロアを5つ買うことができます。

宝くじを連番で買うよりもバラで買うほうが当たる確率が上がるように、オフィスビルも一棟で買うより区分オフィスを複数持つほうが〝メリットを分散させること〟になるのです。別に同時に5つ買うのではなく、1つずつ購入し、最終的に1フロアを5つ持つ場合も同じことが言えます。

なぜメリット分散と言えるかというと再開発の可能性があるからです。

私はオフィスビルを買うなら東京の主要5区（もしくは7区）で買うことを強くおすすめしていますが、これらのエリアは再開発がよく行われます。

主要5区とは「千代田区」「中央区」「港区」「新宿区」「渋谷区」です。

たとえば、渋谷では常に工事が行われています。「もうこれ以上、どこを再開発するんだ」と個人的には思いますが、最大規模の再開発と言われる渋谷エリアは2029年まで開発が終わらないようです。

他にも、靖国神社が近くにある九段下（千代田区）でも現在、東急不動産が再開発を行っています。

要するに、再開発は「いつ」「どこ」で行われるかわからないのです。だからこそ、一棟買いよりも区分所有で、複数所有しておくことで、そのどれかが再開発に巻き込まれる可能性が出てきます。その再開発の現地があなたの所有している物件になることもあるでしょうし、近隣になることも起こり得ます。

次章からは実際にビルを買うステップをお伝えしていきますが、その大前提として、東京の物件を区分所有で持つことによって、再開発であなたにもビッグマネーが舞い込む可能性があり得ることをぜひ知っていただきたいと思います。

第5章

貸事務所業開始のための7ステップ

優良物件を獲得するための「ＵＣＳＪの法則」

本章では、オフィスビル購入から引き渡し＝賃事務所業スタートまでの行程を７つのステップで解説していきます。

優良物件を手に入れるためには、ある「法則」が存在します。それが「ＵＣＳＪの法則」です。これは私がオフィスビル投資で成功している人たちを客観的に見て、彼らに共通しているポイントを４つの視点で法則化したものです。

この法則で４つの視点となるものがＵＣＳＪです。

Ｕ＝Up（上昇）

Ｃ＝Choice（選択）

S＝Speed（速さ）
J＝Judge（意思決定）

のそれぞれの頭文字を取っています。

オフィスビル投資で成功している人は、価値が上昇するであろう物件を選択し、スピーディーに意思決定をして買っています。これによって購入後に賃料を上げてインカムゲインを増やしたり、買ったときよりも高く売ってキャピタルゲインを得たりしています。


この法則の中で最も重要なのが、意思決定の速さです。

なぜなら、オフィスビルを問わず不動産投資全般における一番のリスクヘッジが「1日でも早く不動産を取得すること」だからです。

目の前に2億円の物件があるとします。

不動産投資を本格的に考えている人間の心理として「できるだけこの物件の存在を他の人に知られないうちに手に入れたい」と考えます。

仮に2億円で購入して5年後に2億5000万円で売りたいと考えたときに、その物件が〝かつて2億円で売られていた事実〟を知っている人が少なければ少ないほど売却しやすくなります。つまり、なるべく早く意思決定ができれば、かつて2億円で売られていた情報が知られる可能性は低くなるというわけです。

ただ、素早い意思決定をするときに邪魔になってくるものがあります。

それは「もしかすると、価値が下がるのではないか」という懸念です。どんな時代でも、どんな物事でも「やらない理由」を探す人は一定数存在します。

仮に、利回り4％の物件を2億円で購入したとして、5年後に10％価値が下がったとしましょう。しかし、4％の利回りで5年間回せると20％を回収できたことになります。2億円の物件なら4000万円の回収です。

一方、5年後に10％下がった状態で買ったとしたら物件価格は1億8000万円です。安くなったとはいえ2000万円です。

このように比較すると、5年後に10％（2000万円）下がるのを待つより、先に20％（4000万円）回収したほうがいいことがおわかりいただけるのではないでしょうか？

現実を言えば、不動産の価値は下がることなく、上がり続けています。

２０２０年には「東京オリンピックのあとに不動産価値は下がる」と言われていましたが、実際はコロナ禍を経てもなお、不動産の価値は上がっています。

だからこそ、素早い意思決定が大事なのです。

意思決定を遅らせても誰も得をしません。むしろ損をするばかりです。下がることを懸念するくらいなら、実際は上がっている不動産を１日も早く手にし、賃料を取ることを選びましょう。

オフィスビルの購入ステップ1 不動産会社・不動産サイトで情報を集める

では、実際のステップに入っていきましょう。

最初にすることは「情報収集」です。この情報収集が、この先のステップでもかなり重要な役割を果たします。

まず、自分自身がオフィスビルを所有したいエリアを検討しましょう。

すでにお伝えしていますが、探すのは主要5区（千代田区、中央区、港区、新宿区、渋谷区）で、不動産業界では「山手線の内側」と呼ばれるエリアです。この5区に隣接する「豊島区（池袋などがある）」「文京区（後楽園などがある）」、または「品川区」「目黒区」「台東区」を加えて考えてもらっても構いません。

ターゲットとなるエリアを決めたら、不動産サイトで物件を探すのと同時にエリア内の不動産会社へ足を運びます。

不動産サイトは有名な2つがおすすめです。インターネットサイトの「健美家」か、スマートフォン・アプリの「楽待」です。

●築30年前程度、50～100坪、駅チカ、2億円までで探してみる

不動産会社に足を運ぶのと不動産サイトを調べるのは同じタイミングで行いますが、検索条件として次のものを参考にしてみてください。

・築年数：30～35年
・広さ：50～100坪前
・駅からの距離：徒歩5～10分圏内
・価格：2億円まで

基準となる価格は会社のバランスシートに合わせましょう。

とはいえ、区分オフィスで100坪を検討するなら、純資産は3億円くらい必要になります。もちろんローン前提で構いません。内部留保に合わせてバランスを勘案し、適正な投資をしてください。

私としてのおすすめは50坪前後で探すのがいいと思います。

もちろん、これは1フロアの坪数です。1フロア50坪を2億円くらいで買うとしたら、大体どのエリアになるのかをまずは情報収集するのです。

価格を気にせず物件を探すだけであればいくらでも出てきます。しかし、価格の上限を設定せず、例えば5～6億円で1フロアを買ってしまった場合、2割アップすると6～7億円になってしまいます。

もしも売却を考えたときに出口戦略として6～7億円だと、買い手は「一棟買い」を検討します。同じ額を出すなら、それなりの一棟ビルが買えるからです。すると、物件としての流動性は低くなってしまいます。

ですから、まずは2億円の設定でどんな物件があるか、目を養うところからはじめてみましょう。併せて、周辺の家賃相場も調べながら、割安に賃料設定をされている物件を探していきます。

●不動産会社はそのエリアで規模「大・中・小」の3ヶ所を回る

物件検索をして目を養っていくのと同時に不動産会社へも足を運びますが、そのときにもいくつかのポイントがあります。

まず、ターゲットとなるエリアを決めたらその駅付近にある不動産会社を3社は回りましょう。規模は「大手」「中堅」「中小（町の不動産屋）」です。

そこでさまざまな物件を提案してもらえますので、「どのような物件が世の中には出ているのか」を知り、売買の流通情報と、それに付随する賃料マーケット（賃料相場）のリサーチを行ってください。

「このエリアだと、この立地と築年数と広さで大体このくらいの売買価格・坪賃料なのか」という認識を頭に叩き込んでいくのです。

不動産会社へ行くときのポイントは「人」です。

大手であっても町の不動産屋であっても、結局は取引するのは「担当者＝人間」になりますので、人間関係づくりはとても大切です。これを怠ると〝不動産会社が売りたい物件〟を押しつけられてしまう可能性があります。

仮に、あなたが1億円で区分オフィスを検討しているとして、大手に行けばビジネスとしては「小さい額」として扱われます。ですが、町の不動産屋では「何が何でも成立させたい大きな額」になります。そういったときに、売りたい物件をパワーセールスですすめられることがあるのです。

だからこそ、1エリアで複数の不動産会社に足を運ぶことが大事なのです。あなた自身が相場観を把握し、目を養いましょう。担当者を選ぶ際には「相場観を把握した上で、確かな情報を与えてくれているか」「会社都合の情報ばかりを出してこないか」「基本的なフットワークの軽さがあるか（レスポンスが早いか）」で担当者をスクリーニングしましょう。

●複数の不動産会社を回るのは「裏取り」の意味もある

複数の不動産会社へ足を運ぶのは、相場観を養ったり人間関係づくりのためだけではありません。1件だけでは知り得ない情報を得るためでもあります。

不動産会社へ行って当該エリアの区分オフィスでオフィスビル投資をしたい旨を伝えると、いくつかの物件を提案してもらえます。「物件の概要書」や「レントロール」と言われるものです。

レントロールとは、現状のそのビルのテナント状況が可視化されたペーパーです。物件としての収入と支出が記された書類だと思ってください。

仮に5階建ての一棟ビルなら、1～5階までどんなテナントが入っていて、賃貸期間はどれくらいか、賃料単価はいくらかなどが一覧化されています。区分所有であれば1テナント分が書いてあります。

この情報を頭に入れた上で他の不動産会社を回ります。そして、最初に提示された情報に間違いがないかの〝裏取り〟を行うのです。

どの不動産会社も、売ることでビジネスが成立します。そのため、何かと「良いこと」ばかり言ってきます。それが正しいのかどうか、問題ないのかどうかを買い手自身が判断しなければいけません。

裏取りで別の不動産会社へ行くときは、何も知らない初めてのフリをします。そして、それとなく「●●町にある▲■ビルとかが個人的には良さそうに思うんですが」と頭に入っている物件情報を示唆し、情報を引き出しましょう。

オフィスビルの購入ステップ2 割安物件の詳細資料を取得する

購入したい物件の裏取りを行い、問題ないと判断できたら、次は最初にその物件を提案してくれた、人間関係のできている担当者にお願いして、物件の詳細資料を出してもらいます。取得する詳細資料は次の４つです。

・賃貸借契約書
・修繕履歴

・重要事項調査報告書
・謄本

このうち「謄本」はステップ2では特に大きな取得の理由はないのですが、ステップ5の金融機関への打診のときに取り寄せる必要があるので、この時点で取得しておくと手間が省けます。

●賃貸借契約書で物件が「まともかどうか」がわかる

取り寄せた詳細資料の中で最も中身の精査が必要なのが賃貸借契約書です。
例えば「利回り4％」をうたう物件があったとしても、賃貸借契約書を見ることでその〝カラクリ〟がわかることもあれば、テナントの属性や敷金の状態を確認することもできるからです。要するに「まともな物件かどうか」がわかるのです。

たとえば、よくあるケースとして物件の敷金（デポジット）が積まれていない、もしくは現オーナーによって償却されているケースがあります。
デポジットはテナントから預かる保証金であり、賃料の滞納が起こった際の補償や、原状回復（テナントが退去する際に物件を借りる前の何もない状態に戻すこと）資金としても使われるので、積まれていないことでオーナー側に負担が発生してしまうことになります。

他に起こり得るケースとして、デポジットを現オーナーが償却しているケースがあります。デポジットは、契約の時点でオーナーによって償却する契約を結ぶことができます。これを「敷金償却」と言います。敷金償却は敷金の特約として定められた費用であり、法律上問題のない行為です。主にクリーニングや壁紙の修繕、鍵の取り換えなどの原状回復費用として使用されます。

しかし、オーナーの中にはこの敷金償却を契約した際に取得し、ポケットに入れているケースがあるのです。
例えば300万円（50万円の家賃の半年分）をデポジットとして預かっておきながら、最初に「2ヶ月分の賃料を償却します」と決めて無条件に取得してしまうのです。

本来、デポジットはテナントが退去する際に償却することが決まっているのに、賃貸借契約期間中（テナントが入っている状態）に償却をして売却をする物件もあるのです。法的には問題ないとはいえ、契約書とは違うことが起こる気持ち悪さが残ってしまいます。

テナントに関しては、そのテナントが与信的に大丈夫かどうか、反社（暴力団などが経営する企業、フロント企業などのこと）ではないか、反社でないとしてもいかがわしい商売をしていないか、なども精査できます。

●見せかけだけの「高利回り」も精査できる

第3章でフリーレントの話に触れました。

フリーレントとは、新しく入居するテナントの家賃を数ヶ月間無料にすることで、家賃のダブル発生を回避させるための方法です。

賃貸借契約書を精査することで、このフリーレントが設定されているかどうかもチェックできます。

フリーレント以外にも「レントホリデー」というものが設定されている場合もあります。レントホリデーとは、賃料無料期間を分割させる制度のことです。賃貸契約期間中のどこかで無料期間をつくることで、テナントの年間の賃料支出の総額を抑えることができます。

フリーレントもレントホリデーも、ランニングコストを抑えられる方法なので、ぜひ覚えておいてください。

フリーレントやレントホリデーが怖いのは、それによって物件の利回りが〝良く見えてしまうこと〟です。

例えば、坪賃料2万円としてフリーレントで2ヶ月、レントホリデーで4ヶ月がついている物件だと、トータル6ヶ月分の家賃未回収期間が生まれることになります。2年間の賃貸借契約の6ヶ月が無料なら、テナントは決まりやすくなるのは自明の理です。

しかし、坪2万円を2年間（24ヶ月）貸したとして坪48万円ですが、このうち6ヶ月分（12万円分）を無料期間にしているとすると、事実上、18ヶ月でインカムゲインを考えないといけなくなります。

50坪を2年間で本来は2400万円のところ、6ヶ月無料でマイナス600万円、つまり1800万円のインカムです。

1800万円を24ヶ月で割り戻すと月75万円で、50坪だと実際、坪1万5000円で貸している計算になります。

不動産会社が「利回り4％」の高利回りをうたっていたとしても、その内実は「フリーレントやレントホリデーも加味した坪賃料2万円」のため、実際はそれだけの利回りが出ていないというわけです。

このような見せかけだけの高利回りに騙されないためにも、ダブルチェックを忘れずにしましょう。

経営者であれば懇意にしている弁護士がいると思いますので、弁護士にリーガルチェックをお願いするか、会社で契約している税理士や社労士などの士業に弁護士の紹介をお願いしましょう。

もしくは、不動産に詳しい人物が知り合いにいたら、その人にお願いするのがベターです。

●修繕履歴と重要事項調査報告書は何をチェックするのか？

4つの詳細資料のうちの残り2つ「修繕履歴」と「重要事項調査報告書」についても精査が必要です。

修繕履歴では、その物件の過去の修繕の履歴を知ることができます。

本書でおすすめしている築30年前後の物件であれば、1度や2度は大規模修繕をした過去があるはずです。外壁や屋上防水、エレベーターなどがどう修繕されてきたかをチェックしましょう。

もしも、直近で修繕されていないのであればそれに見合った積立金があるのかをチェックします。

積立金をチェックできるのは「重要事項調査報告書」です。

第4章でお伝えしたように、区分所有の場合はそのビル自体に管理組合が組成されているケースがほとんどです。

重要事項調査報告書は「管理組合がどのような貯蓄を抱えているか」「修繕積立金の滞納がないか」という組合からの報告書ですので、これを精査することでその物件の「貯金の状況」を知ることができます。

ここまで精査をして、問題ないようであれば購入の意思決定ができます。

オフィスビルの購入ステップ3 申し込みをして情報拡散を止める

購入の意思決定ができる段階になったら、その物件情報が他へ拡散するのを止めるために、早めに申し込み（購入申込書の提出）を行いましょう。

これは、次の金融機関への打診＝融資のお願いのあとでも構いませんが、意思決定のタイミングで行うのがおすすめです。

あなたが購入の意思決定をしない限り、その物件はずっと市場で泳ぎ続け、多くの人の目に触れることになるからです。あなたが欲しがる物件は他の人も欲しがる可能性が高いので、なるべくその情報の拡散をストップしたほうがいいでしょう。

「でも、それで融資が下りなかったときはどうなるの?」という疑問が浮かぶかもしれませんが大丈夫です。購入申込書には法的拘束力はありません。万が一、融資が通らずに購入できない場合はただの紙切れになるだけです。

その懸念よりは、多くの人に物件情報を知られること、先に申し込まれてしまうことのほうを心配してください。

逆に、法的拘束力があるのは「契約書」です。

不動産購入は「申し込みを入れる↓金融機関に融資をお願いする↓契約時の重要事項の説明に問題がなければ契約」の流れが一般的です。

手付金を支払うのも契約の段階です。

購入申込書は不動産会社に打診をし、書類に記名と押印をして返すだけなので、購入の意思があるなら素早い意思決定と行動を心がけてください。

オフィスビルの購入ステップ4
金融機関への提出書類を作成する

購入の意思決定ができたら、金融機関へ融資の打診をしますが、その前のステップ4として、打診のための資料を作成します。

資料となるのは、ステップ2で取り寄せた「賃貸借契約書」「修繕履歴」「重要事項調査報告書」「謄本」に加えて、「周辺相場を可視化したもの」です。

金融機関は、あなたが買おうとしている物件の「売買・賃貸両側面の価格設定の妥当性」を知りたがります。それを証明するための書類が「周辺相場の可視化書類」なのです。

これは手づくりでも構いませんし、不動産会社によっては依頼すると作成してくれる場合もあります。不動産会社の担当者との人間関係づくりは重要です。

自分でつくる場合は、あなたが選んだビルの周辺にある同程度の規模のビルの家賃がいくらかを調べて作成します。

Google マップをプリントアウトして「隣のこのビルの家賃はいくら」というように、ステップ1で調べた情報をひとまとめにして提出しましょう。

たとえば、西新宿で物件を買うのであれば新宿〜新宿三丁目くらいまでの広域マップをプリントアウトし、同じ徒歩圏内で同じ規模感の物件でつくるのがセオリーです。

金融機関は「いかに断るか」が仕事です。その仕事をさせないためにも紙一枚で一目瞭然な資料を渡したほうがいいでしょう。面倒ですが、融資を通しやすくするためにも、ここは気合を入れて頑張りましょう（社内でそういった書類づくりが得意な人に作成してもらうのも一案です）。

オフィスビルの購入ステップ5 金融機関に融資を打診する

ステップ5は金融機関へ融資を打診です。

すでに取引のある金融機関の担当者に、オフィスビルを区分で購入する旨、貸事務所業をはじめる旨を通知しましょう。

ただし、金融機関に打診する際にはいくつかの注意点があります。

●メガバンクではなく地方銀行へ行く

最初の注意点は、「メガバンクを避けること」です。

メガバンクは基本的に融資をしてくれないからです。

本業の融資をしてもらうためにメガバンクを選ぶのはいいでしょう。しかし、本業とは関係のないところで融資を受けようとすると「3期分の収入証明を出してください」「3期分の決算書を出してください」など、口座開設までの手間がかかることもあります。

もしあなたがメインバンクにメガバンクを設定している場合には、新たに第一地銀や第二地銀などに取引を拡大させましょう。

お近くの地方銀行は、インターネットで検索すればすぐに見つかります。

また、メガバンクの中にはグループ内に子会社として不動産会社を持っているところもあります。その場合、融資の打診をしたつもりが、子会社の物件をすすめられる（子会社の物件なら融資が下りる）ことがあります。

要するに、逆セールスを受けるわけです。

しかし、このような物件にはグループの利益がたっぷり乗っていますので、買ってはいけません。あくまでも割安な賃料が設定された、築30年前後の中古のCグレードビルへの投資であることを忘れないでください。

どのようなケースであっても、メガバンクはNGと覚えておきましょう。

●「融資してください」の姿勢で打診してはいけない

ステップ5では「融資の打診」と書いていて、「融資のお願い」とは書いていません。あえてそのように書いています。

オフィスビルを購入する際、頭金としては金額の30％程度は見ておかなければいけません。1億円の物件なら3000万円の自己資金を頭金にするのです。

すると、残りの7000万円（70％）は融資を受ける形になります。

金融機関からお金を借りるわけですから「お願い」になるように思えますが、お願いする姿勢で打診をすると、金融機関は融資をしてくれません。

2013年と2020年にTBS系列で銀行を舞台にしたドラマ『半沢直樹』が放映されました。最高視聴率が40%を超えた人気ドラマだったのでご覧になった方もいらっしゃるでしょう。金融機関というものは、得てして『半沢直樹』の世界そのものです。「借りなければ買えないもの」には金を出さない主義なのです。

ですから「1億円の物件を買いたくて3000万円を自分で出すので、残りを貸してください、お願いします」の姿勢だとたいていの場合、はねられます。

特に「貸してください」は絶対に言ってはいけません。

金融機関へのスタンスとしては、

「この物件を買うことに決めた。融資で一枚噛みたいなら噛ませてあげる」

「御行が出さないなら他へ行く。他は融資をしてくれると言っている」

と超強気でいきましょう。

すでに買うことを〝決めている〟ということは、金融機関側としては「うちが断っても他で融資を受けて買う」ということになります。担当者としては、買うなら自行の売上にしたいですから、「では、こちらもがんばります」の姿勢になります。

もし、あなたの会社の内部留保が潤沢で、仮に融資を受けなくても1億円を出せるのであれば「融資しないなら、キャッシュで買うことも考えている」と言い切ってもいいでしょう。ここまで言えたら最強です。

オフィスビルの購入ステップ6 契約のスクリーニングを行い、契約する

無事に融資が決まればステップ6の「契約」に進みます。

契約自体は法的に拘束力のある書面に記名・押印をするだけですが、その前に契約内容のスクリーニングは行わなければいけません。

契約時にスクリーニングすべきは「重要事項説明書」と「不動産売買契約書」です。

重要事項説明書は、文字通り「所在地がどこか」「地域の行政が指定する法律の説明」な

ど重要事項の説明が書かれてあります。

不動産売買契約書は、売買代金の他に、支払いの時期や手段、取引対象となる不動産の土地・建物の住所・面積、売り主と買い主の住所・氏名といった詳細が記載されています。

このときに精査ポイントとなるのが、今まで受けてきた説明と内容に相違がないかどうかです。

書類自体は不動産会社が用意してくれますので、自分の目で確認しつつ、わからないところがあればすぐに不動産会社へ確認をしましょう。先述の通り、懇意にしている弁護士（顧問弁護士や紹介も含む）がいる場合には、ダブルチェックをお願いするのもおすすめです。

一度判子を押してしまったら取り返しがつかないことは、経営者ならおわかりいただけると思います。

この手のミスで有名な話が、２０１7年6月に起きた「積水ハウス地面師詐欺事件」です。簡単に言うと、所有者に成りすました人物とそのグループに積水ハウスの担当者が騙され、合計で55億５０００万円を騙し取られた事件です。

詳細は割愛しますが、建設業界最大手である天下の積水ハウスでも騙されることがあるのです。

ですからダブルチェック、トリプルチェックはするに越したことはありません。

そこまでやって、契約内容に問題がなければ契約をし、手付金を支払います。手付金は一般的には物件金額の5％が通例です。

オフィスビルの購入ステップ7 管理会社などを選定し、引き渡しを受ける

最後のステップ7です。

契約から引き渡しまでは1ヶ月ほどありますので、その間に「管理会社」「火災保険」「司法書士」の選定を行いましょう。

3つの選定の中で、火災保険と司法書士はどれ（誰）を選んでも基本的には同じです。

不動産を購入した際には火災保険に加入をします。

火災、水害などがあったときに保険金を受け取れるので、入らない選択肢はありません。自分で手配するのもいいですし、金融機関から指定されることもあれば、不動産会社が保険代理店を行っている場合もあります。

基本的にはどこを選んでも同じなので、流れに任せて手配してもらいましょう。

司法書士の選定に関しても、やることは同じです。

所有権を移転するにあたっての事務作業を行ってもらう（その資格を持っている）ので、自分で探してもいいですし、懇意にしている士業からの紹介でも構いません。または火災保険と同様、金融機関から指定される可能性もあります。

どのようなケースであっても、やることは変わりませんので「お願いします」で問題ありません。大事なのは、忘れずに選定することです。

●管理会社の選定は「2つの条件」が揃っているところ

むしろ選定で重要なのは「管理会社」です。

管理組合がそのビルの所有者による組織であるのに対して、管理会社は所有者に関係なく、その建物を管理するための組織体です。

管理会社の仕事には「ビル・メンテナンス＝ＢＭ」と「プロパティ・マネジメント＝ＰＭ」があります。本書は区分オフィスの本なので前者のＢＭについては気にしなくていいでしょう。重要なのはＰＭのほうです。

というのも、管理会社の中にはまともに仕事をしない会社が少なくないからです。管理会社は、一度その物件の管理を任されると、ほぼ永久的に管理手数料（数パーセント）を固定で取得できます。仕事をしてもしなくても、毎月チャリンチャリンとお金が入ってくるのです。

ですから「請求書を発行して、テナントが抜けたら不動産サイトに情報をアップして募集すればお小遣いが入る」くらいの心持ちのところが少なくありません。

私の肌感覚では、８割はそのような会社だと思っています。

しかし、当たり前ですがそんな管理会社に任せてはいけません。選ぶべき管理会社は、次の条件が揃っているかです。

・ビルの管理実績が豊富である（できれば、特化している）
・賃料アップの実績が豊富である（言わなくても交渉してくれる）

管理会社の選定に関しては、前オーナーの管理会社を継承するパターンや、不動産会社からの紹介を受けることもあると思います。

そんなときに何も考えずに「はい、わかりました」とするのではなく、2つの条件が揃っているかを質問し、そうでない場合は変更を検討してください。これは必ずしも「大手だから安心」ということでもありません。大手でも悪い評判を聞くところはあります。

実際に、私のクライアントでも購入時には管理会社の継承義務がありましたが、後に変更された方がおられます。


契約後の1ヶ月のうちに管理会社、火災保険、司法書士の選定が終われば、物件が引き渡され、晴れてあなたはオフィスビルの1フロアのオーナーになれます。

物件を購入する際には、すでにテナントが入っていることがほとんどなので、ここからは毎月のインカムゲインがあなたの会社に振り込まれることになります。

1フロアなので融資返済を差し引くと最初は数十万円という額かもしれませんが、それでも安定した営業外収益であることには変わりありません。

さらに時が経てば経つほど、それは「資産」として膨らんでいきます。

もしオフィスビル投資を区分所有ではじめて、その旨味を実感することができたらもう1フロア、もしくは一棟買い……とさらにステップを進めてもらいたいと思います。

第6章

オフィスビル購入の「やってはいけない」

一見ハイセンスなハイグレードビルを買ってはいけない

前章では、オフィスビル購入の7ステップをお伝えしました。

その中で、もっとも大事なのは物件を見つけることですが、初めての方の場合、どうしても「買ってはいけない物件」に手を出してしまいがちです。

本章では、そんなオフィスビルを購入するときの「やってはいけない」をお伝えしていきます。

最初に気をつけたいのは「見栄えだけ綺麗な物件」に手を出さないということです。

これはオフィスビル購入の経験がある人でも引っかかりがちなので要注意です。

161ページの図をご覧ください。これは私のクライアントに他社の営業から寄せられた物件情報です。クライアントからは「こんな物件を紹介されているのですが、大丈夫そうですか？」と相談がありました。

概要は、六本木駅から徒歩1分、8階建ての一棟ビル、築2年、面積62坪、利回り4.5％、価格は10億円です。

あなたならこの物件、買いますか？

東京の中心地の1つである六本木の駅から徒歩1分圏内で、しかも築2年。かなり築浅（ほぼ新築）で、利回りが4.5％ですから、つい「長く営業外収益を得られそうな良い物件」だと思うかもしれません。

内容	原契約始期	現 契約期間	定借	賃料	共益費	看板	計（税抜）	計（税込）	敷金・保証金	（ヶ月）	特記
	2021/1/7	2021/1/7 ～ 2026/1/6	■	598,000	30,000	15,000	643,000	707,300	3,588,000	(6.0)	
	2021/1/7	2021/1/7 ～ 2026/1/6	■	468,000	30,000	15,000	513,000	564,300	2,808,000	(6.0)	2年内解約ペナあり、再契約時に礼金として新賃料1ヶ月分
	2021/2/1	2021/2/1 ～ 2026/1/31	■	468,000	30,000	15,000	513,000	564,300	2,808,000	(6.0)	2年内解約ペナあり、再契約時に礼金として新賃料1ヶ月分
	2022/7/1	2022/7/1 ～ 2025/6/30		468,.000	30,000	15,000	513,000	564,300	2,808,000	(6.0)	中途解約ペナあり、再契約時に礼金として新賃料1ヶ月分
	2021/1/7	2021/1/7 ～ 2026/1/6	■	425,000	30,000	15,000	470,000	517,000	2,550,000	(6.0)	中途解約ペナあり、再契約時に礼金として新賃料1ヶ月分
	2021/1/14	2021/1/14 ～ 2026/1/13	■	313,000	30,000	15,000	358,000	393,800	1,878,000	(6.0)	中途解約ペナあり、再契約時に礼金として新賃料1ヶ月分
	2021/1/14	2021/1/14 ～ 2026/1/13	■	250,000	30,000	15,000	295,000	324,500	1,500,000	(6.0)	中途解約ペナあり、再契約時に礼金として新賃料1ヶ月分
				2,990,000	210,000	105,000	3,305,000	3,635,500	17,940,000		

しかし、この物件にはたくさんの落とし穴があります。

まず、坪数が62坪しかありません。これは1フロアではなく総面積です。これで10億円ということは、売買坪単価を割り戻すと坪1600万円ほどになります。売買単価が坪1600万円なら、一昔前の銀座SIXが買えるレベルの価格です。

次に、1階の店舗は約5坪で月の家賃が約64万円です。ということは1坪で約14万円。空中階は約11坪で約56万円なので1坪で約5万円です。

現実の話をすれば、名のある不動産会社が運営しているようなビルでも、六本木周辺だと坪賃料は3〜4万円です。つまり、この物件の坪賃料はとても割高であることがわかります。

他にも、この物件には言いたいことがまだありますが、ここでは割愛します。少なくとも、六本木で築浅……という聞こえのよいい言葉で物件選びをすると失敗する典型例と言えます。賃貸面積が10坪以下で、このグレードで、今の坪賃料が継続することはまず考えにくいです。事業として計画を組んだときに「売上が下がり続けるビジネス」ということがわかります。このように、一見して見栄えが綺麗な物件こそ慎重に。安易に手を出すことは控えましょう。

「〝ほぼ満室〟に見せる虚偽演出」の物件に手を出してはいけない

引き続き161ページの同じ図をご覧ください。

この物件は利回りを高く見せるための〝演出〟がほどこされていることが推測できます。というのも、一番右の項目に特記事項として「2年内解約ペナあり」「中途解約ペナあり」とあるからです。ペナとは「ペナルティ」のことです。

このような記述がある場合、ほぼ確実に何かしらのサービスが現在のテナントにつけられていることがわかります。別章でお伝えした「レントホリデー」や、フリーレントを長期間設定しているようなものです。

このような物件は、仮に利回り4.5%となっていても実質はそれに満たないことがよくあります。

ただでさえ割高なので、今のテナントが抜けたあと、同じ賃料では次の客付けがうまくいかないことが多いでしょう。結果として賃料を下げざるを得なくなり、当初の利回りを達成できないことがあるのです。

賃貸借契約書をよく確認すれば見抜けますが、パッと見の数字のよさで直感的に決めてしまう人は少なくありません。そのような人はほとんどの場合、残念ながら運用がうまくいっていないのが現実です。

ここで1つ、質問です。

物件が2つ提示されたとします。物件そのものの条件は同じです。

物件Aは、不動産会社所有の物件で、先月テナントが入りました。

物件Bは、個人オーナー所有の物件で、6年間継続しているテナントがいます。

あなたならどちらを購入したいですか?

この質問をすると、物件Aを選択する人が少なからずいます。

理由を聞いてみると「テナントが入りたてで、これから長く賃料を取れそうだから」という答えが多いです。逆に「物件Bはすでに6年間も入っているので、そろそろ退去されそうな気がする」という答えもありました。

しかし、実際は真逆です。

手を出すべきは「物件B」なのです。

なぜなら、物件Aには不動産会社による「演出」が見え隠れしているからです。

言うまでもなく、不動産会社は不動産のプロです。

そのプロが所有している物件で、しかもテナントが先月入っているのです。先述のレントホリデー（フリーレントも含む）や仲介手数料無料（仲介業者に払うインセンティブの上乗せ）が成された可能性があります。

さらに、そこには不動産会社の〝焦り〟のようなものも感じられます。

そもそもビルは空室の状態で売れることはほぼありません。「自社で使う」というケースよりも「すでにテナントの入っている収益モノ」としてのニーズのほうが高いからです。

そのため、不動産会社が売却するために無理やりテナントをつけている可能性があるのです。無料期間をつけて「とりあえず入ってもらっている状態」にして、とにかく売り抜けようと焦っているのです。

実際、先月入ったテナントと6年間入っているテナントの退去の可能性についてはどちらも同レベル。出るか出ないかは同じ確率です。

けれど、経験の少ない人の場合、新規テナントにプレミアム感を覚えることがあるでしょう。しかし、その背景には実は売り手による何かしらの演出が入っていることは大いにあるのです。

好立地・築浅でオシャレでもペンシルビルを買ってはいけない

第3章で「ペンシルビルを買ってはいけない」という話をしました。

理由は、そもそもの部屋のサイズが小さいためテナントとして入る企業の事業継続性が低いこと、さらにテナントが抜けたあとに新しいテナント付けをするのに苦労することなどです。

その参考となる事例をお話しします。

これは半蔵門駅から徒歩3分の一棟ビルで、6階建て、築9年（築浅）、約73坪、価格は当時で5億円でした。デザイナーズ感のあるオシャレなビルで築10年以下と若い物件なので、つい手を出してしまったのです。

しかし、そもそも半蔵門エリア自体が高い賃料の取れる場所ではありません。半蔵門やその隣の麹町周辺には比較的古いビルが多く、周辺相場の家賃は1万5000円〜超一等地でも1万7000円ほどです。

事例の物件は坪賃料2万7000円で値付けし、最初はテナントが入っていました。それによって利回りをよく見せていたのです。

しかし、3年間の賃貸借期間が終わると、テナントは出ていってしまいました。通常は更新の6ヶ月前に更新するかどうかの協議をしますが、テナントは綺麗に退去してしまったのです。要するに、最初から3年で出ることが決まっていたテナントが入っている物件だった、ということです。

困ったのはここからです。

先述の通り、周辺の相場は2万円と元々の賃料より3割近く低く、かつ1～6階のトータルで73坪ですから、1フロア12坪程度しかありません。

従業員5人以下の企業がオフィスを借りることを考えたとき、坪賃料が高いところと安いところであれば、当然安いところを借りようとします。

この事例でもその例にもれず、いつまでもテナントがつかない状態が続きました。坪賃料も2万7000円から1万円ダウンして1万7000円になりました。

利回り的には5％ほどだったのが3％程度にまで落ちてしまったのです。

結局、テナントは決まりましたが、1社で全フロアを借りてもらうことになりました。6階分の73坪で借りられる企業が入ったのです。

しかし、この状態は流動性がある状態とは言えません。賃料に関しては満室になるか？

すべて空室になるか？　のゼロヒャクの状態になっているからです。

また、この物件は5～6階部分がメゾネットで住居スペースになっています。しかも、エレベーターは5階までしかないので、必然的に2フロアで1店子舗テナントにしか貸せません。

つまり、オフィス部分でも住居部分でも、賃料がゼロヒャクになる悩みを抱えた物件なのです。

先の事例もこの事例も好立地だったり築浅だったりと一見してハイグレードな物件です。このような物件は金融機関の融資もつきやすいです。ですから、買う側からしても〝買いやすい物件〟と思えるでしょう。

しかし、買い手のニーズと借り手のニーズは大きく異なるものです。そこを把握せず安易に手を出してしまうと、この事例のようにいつまでも悩みの消えない事態になりかねないのです。

1フロア50坪でも室内階段の物件には手を出してはいけない

半蔵門の物件でも触れましたが、建物の構造によっては複数階あっても1つのテナントにしか貸せない物件が存在します。一棟買いであれば貸せるのでまだマシですが、区分所有でこのような物件に手を出してしまったらテナントが付かないという事態にもなりかねません。

それが「内階段」の物件です。絶対に借り手が見つからないとは言いませんが、客付けに時間がかかってしまったり、早期退去が起こったりすることが多いためいろいろと工夫を凝らす必要があります。

内階段とは、建物の内側に階段が設けられていることを指します。

入り口があって、入って左側にのぼり階段があり、右側には各テナントのためのオフィスがあるような建物です。

「特に珍しくもないじゃないか」と思われるかもしれません。確かに、通常の内階段であれば問題ありません。しかし、オフィスビルの中には専有部内に内階段（室内階段）があるビルが少なくないのです（他フロアへの動線が専有部内にある）。

イメージとしては、半蔵門の事例の5～6階部分のメゾネットの住居スペースや、街中にある小さなスポーツ用品店や靴屋、リサイクルショップが入っているビルなどがわかりやすいでしょう。

1階のフロア内に2階に上がれる階段があり、逆に言えば、そこを通らないと2階には行けない仕様になっているものです。


室内階段のデメリットは、必ずその階を経由しないと別の階へ行けない点です。

事務所として利用される場合には、必然的に同一テナントでないといけなくなります。仮に別のテナントを入れる場合、パーテーションで階段から室内が見えないように工夫する必要がありますし、それでも完全にプライバシーを保証できるわけではありません。

家族で住むのならまだしも、社内機密が存在する企業の場合、このようなセキュリティの甘い物件に借り手がつくことはまずありません。

テナントがつかないということは、インカムゲインを得られない物件ということでもあります。

実は、このような物件は都内にいくつもあります。

先述のように、1テナントであれば利用価値があります。たとえば、靴屋であれば1階が婦人靴、2階が紳士靴とフロアが分かれてもストレスのない動線を確保できます。

仮に1フロア50坪で割安な物件があった場合には、室内階段の有無を確認しましょう。それを知らずに買って後悔する人は少なくありません。

手を出すべきは「外階段」「エレベーター」「共有部分の内階段」です。決して「専有部分の内階段」ではありません。

1フロア100坪以上の物件を買ってはいけない

これまで、理想の物件は1フロア50坪前後、広くても100坪以下の中古物件とお伝えしてきました。

ただ、Cグレードのビルの規定では「180坪未満」までがその範囲。同じCグレードなら100坪を超える物件で、より大きなインカムゲインを得たいと考える方もいらっしゃるかもしれません。しかし、100坪以上の物件はおすすめしません。

今回のテーマは、日本の中小企業にちょうどいいサイズ感であることがポイントです。100坪を超えて、たとえば150坪の物件になると、途端に企業規模が大きくなります。従業員数で言えば80人前後。中小企業というよりは「中堅企業」のカテゴリーに入ります。

ちなみに、総務省のデータでは従業員100人以上の企業は割合としては1.1%しかないそうです。ただでさえ絶対数が少ない上に、中堅企業の中にはIPO（株式上場）やバイアウト（事業売却）を目指すところも少なくありません。

そのような企業はよりブランド力を高めるために財閥系のBグレードビルに入る傾向にあります。そもそもCグレードには見向きもしないのです。ですから、100坪以上は「ブランドを気にしない中堅企業」向けとなり、かなりターゲットが狭まってしまいます。

さらに言うと、100坪以上は流動性の部分でも動きが重いです。

仮に坪単価400万円で計算しても物件価格が4億円を超えます。この金額なら購入者は一棟ビルを選ぶかもしれません。区分オフィスは不利になってしまいます。

もしあなたが100坪以上にも手を出せる余裕があるのなら、50坪の区分オフィスを複数所有することをおすすめします。

150坪を買えるなら、50坪を3つ持つイメージです。

すると、貸せるテナントも「1」から「3」に広がり、賃料が未回収になる確率を減らすことができます。

Cグレードでも新築ビルに手を出してはいけない

日本には「新築神話」と呼ばれるものがあります。

海外では古いものをリノベートして再利用するのが一般的ですが、日本においてはスクラップ＆ビルドで新しく建てるのが当たり前の考え方なのです。
ではなぜ、このような神話が成り立っているのでしょうか？
それは「新築のほうが高く売れて、利幅も大きいから」です。要するに、売り手側の理屈に買い手が巻き込まれてしまっているのです。

区分オフィスを購入する際も、同じCグレードなら中古よりも新築のほうがいいと考えるかもしれません。実際、再開発によってCグレードのビルは取り壊されていますが、同時に新しく建てられている現実が存在します。

その理由はたった1つ。新築は新しいがゆえに融資がつきやすく、デベロッパーとしては高く売り抜けられる算段があるからです。高く売れることがわかっている以上、仮にCグレードであっても新築に手を出してはいけません。

これは不動産業界の不思議の一つですが「同じ土地」に建つ「同じ規模のビル」であっても、中古都心地区では価格が大きく異なります。

仮に中古の価格が坪400万円だとして、新築だと坪800万〜1000万円になります。

新築と中古だから当たり前のように感じるかもしれませんが、土地と建物の評価の側面から考えるとおかしなことです。そもそも、土地と建物の評価で言えば、大体7対3～8対2の割合で土地のほうが評価が高いです。そして土地はずっとそこにあるもので、新しいか古いか？では評価されません。

ということは残りの2～3割の建物の評価で価格が変わるわけですが、仮に新築だからといって中古の2倍以上の評価になるのは理屈としておかしいのです。

別角度からも考えてみましょう。「投資」という側面です。

投資を目的とした場合、「買いやすいもの」を買うのか「投資対象として評価が下がりづらいもの」を買うのか、どちらでしょうか？

しかも物件は、自分で使用するのではなく誰かに貸すものです。

現実を言えば、新築でも中古でも借り手は見つかります。Cグレードにはニーズがあるので、賃料の問題も考えて必ず借り手はいるのです。

つまり、わざわざ新しいものを買う理由がないのです。

さらに言ってしまえば、投資の本質は「価値が上がるものを買う」です。

新築には「新築プレミアム」の考え方があり、家賃も周辺相場より4割ほど上げられます。そもそも新築は現代の高額な建設費用を回収するために高い家賃を設定せざるを得ないのです。

新築プレミアムはテナントが入った瞬間から目減りしていきます。「新築」という価値は時間の経過とともに失われていくわけです。10～15年も経てば新築時代の家賃は設定できず、周辺に合わせていかなければいけません。

つまり、価値が下がる一方の新築物件は、投資の本質からしても手を出すべきものではないのです。

出口戦略を考えて「利回り」だけで買ってはいけない

物件を検討するときに、利回りは大事な要素です。

しかし、利回り〝だけ〟を見て物件を買うのはとても危険です。

不動産投資がもし利回りだけでうまくいくのであれば、全員が成功できるはずです。しかし、現実は失敗する人も多数存在しています。

競馬や競艇と物件はある共通点があります。それは「利回りと人気は反比例する」という点です。

競馬で人気の馬は、オッズが1.2倍などのように低くなりますよね。10.5倍のオッズがつく、いわゆる「大穴」の馬は人気が低い、もしくは弱いです。人気が高ければ高いほど、オッズの倍率は低く、人気が低ければ低いほど、オッズの倍率は高くなります。同じように、不動産も高利回りをうたう物件の多くは、実は不人気物件なのです。

にもかかわらず、人はどうしても利回りの高さにばかり目がいってしまいます。

しかし、異常に高い利回りには必ず「何かしらの売り手の思惑」が入っていると思ってください。物件探しをする際に売買単価と賃料単価のスクリーニングをしていると、自然とそれがわかるようになってきます。

参考となる利回りは3~5%まで。それ以下（1~2%）だと投資の価値がないので買ってはいけませんし、6%以上の物件は怪しいので疑ってかかったほうがいいでしょう。

●利回りだけを言う不動産会社と付き合ってはいけない

利回りの話は物件だけに尽きません。不動産会社の担当者をスクリーニングするときも、利回りは1つの見極めポイントになります。

不動産会社の担当者の中には利回りのよさだけを前面に出して営業する人がいます。「この物件は利回りが高いのでおすすめですよ」しか言わないのです。そのような不動産会社にはロクなことがありません。

きちんとした教育がなされている不動産会社であれば、担当者は利回り以外の話をします。たとえ利回りがそこまでよくなくても理屈的に納得できる形で、別の面からも物件のよさを説明してくれます。

そしてこのような良い不動産会社であれば、仮に物件を売却する場合でもきちんとキャピタルゲインの出る形で売却することができます。

一方、利回りで勝負するような不動産会社の場合には、売るときもかつてあなたに対してしたのと同じく、利回りでしか物件のよさを説明できません。

そして、利回りをよく見せるためにフリーレントをつけたり、期間限定テナントを入れたりするなど、見栄えをよくして売るでしょう。

物件でも不動産会社であっても、利回りだけで考えると運用戦略でも出口戦略でもトラブルや損を招いてしまいますので注意しましょう。

「信用のある人からの紹介」を理由に買ってはいけない

「やってはいけない」の最後は「人」の問題です。

経営者であれば恐らくさまざまな人と出会い、人脈をつないでいると思います。その中で明らかに信用ある立場と出会うこともあるでしょう。

人脈を構築すること自体を悪いことだとは思いません。しかし、いくら信用のある人だからといって、その人からの〝紹介だけ〟で不動産を買うようなことはしないでください。必ず第5章でお伝えした購入ステップを踏みましょう（特にステップ1）。

騙される可能性もなくはないからです。

これは実際に起こった例です。

私のクライアントでもあるBさんは、すでにいくつか不動産保有している経験者です。

Bさんは人脈交流会である大手有名保険会社の営業マンと知り合い、その人から有名企業の親族がやっているという、ある不動産会社を紹介されました。

その不動産会社の社長からは、世田谷区内の3階建てのビルをすすめられました。「すでに最終的な買い手も売却金額も決まっているので、それまで一時的に持っていてほしい」と言われたのです。

Bさんは3億円でそのビルを購入しました。

しかし、今もそのビルはBさんの手元にあります。

最終的な買い手は現れなかったのです。しかも、購入したビルは先述の室内階段だったためにテナントが見つからず、現在も塩漬けの状態が続いています。

明らかに騙された事例です。

しかし、経営者には闘う術がありません。最終的な買い手（＝出口戦略）の話も口約束で、重要事項説明書には記載されていないからです。不動産会社から「そんな話はしていない」と言われたら終わりです。

法的に闘おうと思っても、書面上は「経営者が納得の上で購入した」としか見えないため、たとえ騙されていたとしてもそれを証明できないのです。

3億円の買い物は人によっては一生に一度の大きなものになるかもしれません。正しくやれば莫大なものをもたらしてくれるはずの不動産投資を、やり方を間違えたばかりに最大の失敗にしてしまうのはとてももったいないです。何より、それがトラウマになって「不動産投資は二度とやらない」と思われてしまうのが悲しいです。

そのためにも、信用ある人の紹介であっても安易に首を縦に振らないことです。興味があったら、きちんと購入ステップを踏みながら、しっかりスクリーニングすることが大事なのです。

終章

今すぐ区分オフィス投資の第一歩を踏み出そう

不動産投資も「賃貸業」なら怖くない

これまで、区分オフィス投資のススメ、メリット、その購入方法、気をつけるべき点をお伝えしてきましたが、最後に私からのメッセージをお伝えしたいと思います。

「Investment の本来の意味は、身にまとう・守る＝資産防衛である」

この言葉は私が講演やセミナーなどで繰り返しお話ししていることです。

投資には「お金を投じてお金を増やすギャンブル」的なイメージがあります。

たしかにお金を投じること自体は間違っていません。ですが、決してギャンブルではありません。しかし、現実は「投資」と「投機」を一緒に考える人がまだまだ多い印象があります。

その原因になっているのは、バブル経済の崩壊によって不動産で失敗した人の話や、リーマンショックで不動産会社が倒産した話をニュースなどで耳にすることが多いからではないでしょうか。

バブル経済の崩壊を振り返ってみると、たしかに土地で失敗したという話はよくありました。しかし、当時と今とでは不動産投資にまつわる事情が大きく異なっています。

バブル期は不動産の利回りが2%くらい、金融機関の金利が6~10%くらいの完全な「逆ざや状態」でした。にもかかわらず不動産の価格は上がり続けるという神話があり、買ってから2~3ヶ月も持てば3~4割も価値が上がって儲かるので短期売却が主流でした。

要するに、不動産にも投機的側面があったのです。

結果、最後に一番高い金額をつかまされた人はみるみるうちにその価値が下がり、売る相手がいなかったため、結果的に失敗をしてしまったというわけです。

しかし、今は不動産の利回りが4~5%、金融機関の金利は1~2%程度と、完全な「利ざや状態」です。

そして現時点で、先進国の中で経済的発展があり、インフラも整っていて利ざや状態で不動産が回っている国は、恐らく日本しかないと思われます。

つまり、長期保有で不動産を持つこと自体は、投機的側面がありません。むしろ怖くない安定資産なのです。

リーマンショックの際には、ゼファーやスルガコーポレーション、アーバンコーポレーションなど、多くの不動産会社が経営破綻の末に民事再生手続きを行いました。

しかしこれらはすべて〝不動産売買〟を行っていた企業です。これらの企業から物件を購入していた個人投資家が、長期のローンを組んでいたことで連鎖的に倒産したり、破綻したりするようなことはありません。

不動産投資をする場合、貸事務所業を行う場合であっても、自分で使用する（事務所として使用する、住む）場合であっても、「長期保有」であれば破綻率は全然違います。

これが、私が貸事務所業をおすすめする理由の1つです。

今もまだ不動産投資へのアレルギーを持っていたり、なんとなく恐怖心を抱いたりしている人たちにはぜひこのことを知っていただきたいと思います。

区分オフィスはまだまだブルーオーシャン

一方で「Investment＝資産防衛」の考え方は、少しずつですが広がりつつあるとも感じています。

前著を2年前に出版して以降、不動産業界の変化を感じるからです。

マンションを建てて売っているような会社も今後はその道が厳しいと感じているようで、私と同じようにビルを扱う企業（上場企業）が出てきています。タマホームのような有名企業までもビル投資の価値に気づきはじめました。この市場は今やブルーオーシャンからレッドが混じりつつある「パープルオーシャン化」してきているのです。

かつて、ワンルームマンション投資が出はじめた頃も同じような感じでした。

最初、ワンルームマンション投資に対して、金融機関は融資をしてくれませんでした。しかし、マイホーム購入よりも、投資用不動産のほうがデフォルトリスクは少ないことがわかると、徐々に融資されるようになってきたのです。今ではワンルームマンション投資は当たり前の世界になっています。

ビルも同じです。今はまだ「ビル投資＝一棟買い」のイメージのほうが強いですが、徐々に区分オフィスのニーズが顕在化してきています。

これも考えてみれば当たり前で、事務所を借りたい企業は一棟ではなく基本的には1フロアで借りますよね。そんな当たり前のニーズが広がってきているだけなのです。このような投資機会を活かさない手はありません。

パープルオーシャン化してきている区分オフィスの中にも、まだブルーオーシャンと呼べる領域は存在します。

大手企業や上場企業の区分オフィスの場合、ビル一棟を仕入れてバラして売ろうとします。当然、利益が乗るのでビル一棟を階数で割ったときの各区分オフィスの単価よりも値付けは高くなります。

しかし、意図的に区分化されていない、単独で売っている区分オフィスであれば割安に買えることがよくあります。私は主にそのような物件を仕入れて、クライアントに提案しています。そのような目線で相場観を養い、不動産サイトや不動産会社とともに物件探しをすれば、割安な物件を見つけることはできるのです。

現金を持つより不動産を持ったほうがいい時代

不動産投資へのアレルギーとともにもう1つ、根深く残っている考え方として「現金主義」があります。

バブル経済の崩壊とその処理の失敗以降、日本は後に「失われた30年」と呼ばれる長期デフレに陥りました。他の先進国が成長する中で日本だけが経済成長を遂げられませんでした。2000年にはG7の中でもっとも豊かな国だったはずの日本は、たった23年間のうちにもっとも貧しい国になってしまったのです。

このマイナス成長の約30年の間、日本では投資よりも貯金こそが安全資産とされていました。現金を持っていることが一番安全で、投資よりも貯金のほうが資産を確保できると考えられてきたのです。

しかし、その時代はもう終わりました。

ロシア－ウクライナ紛争以降、日本のモノの価格は上がり続けています。モノの価格が安くなるデフレとは異なり、コストプッシュ型ではありますがインフレ傾向に転じているのです。

一方、金融機関の金利はメガバンクの定期預金でも0．002％。100万円を1年間預けても利息はたったの20円しか受け取れない事態が続いています。

利回りを考えれば、もはや現金を預貯金にしてもモノの価格の上昇には対応できないのです。

そのことをわかっている政府は、日本人の意識を投資に向けようとNISAなどを推奨していますが、2023年3月末の時点でNISAの総口座数は1237万口座、全人口の10％にも満たない状況です。

お金を現金で持つより、投資でモノに変えたほうが価値は上がるにもかかわらず、そのことに気づいていない人が多いのです。

オフィスビルの話で言えば、10年前に1億円で買えた物件は、現在では2億円を出さないと買えなくなっています。東京のビルの価格は10年前に比べて2倍近くに上昇しているからです。

仮に1億円を10年間、定期預金にしていたとしても2億円にはなりません。しかし、ビルの価格は上がっています。言い換えるなら、10年前の現金1億円は現在ではもう1億円の価値がないということです。

もし、あなたに数千万～数億円以上の内部留保があるのなら、おすすめは何かしらの「モノ」に変えて投資をすることです。理由は10年後にその内部留保が現在と同じ価値だとは限らないからです。あなたが内部留保を持っていればいるほど、失われていく価値は大きくなる（失う額も大きくなる）と考えていいでしょう。

不動産は2代目経営者のバックアップにもなる

「Investment ＝資産防衛」と言いましたが、では何を守るのでしょう?

経営者にとっての一番の資産はやはり「本業」だと思います。本業を守るのです。
何から守るのかというと、そこには「外的要因」と「内的要因」があります。

外的要因とは、ここまでお伝えしてきたコロナ禍やリーマンショックなどのネガティブイベントです。

内的要因にはいろいろありますが、その1つが事業承継です。

仮に、株式譲渡で事業承継をするのであれば、株式を買い取るための資金が必要です。1株500万円の価値がついていて、100%で20億の価値がついているとして、その50%を承継者が買い取るとなると10億円が必要です。元々の所有者には譲渡税がかかります。

しかし、不動産で所有していれば、不動産は路線価によって評価されるので、持っている資産を圧縮した状態で評価してもらえ、株式価値を圧縮することができるのです。

ただ、ここまでは入り口に過ぎません。本質的なことは事業承継を行った先にあります。経営をバトンタッチしたあと、2代目となったことでダメになる会社は少なくありません。従業員への求心力がない、先代のときほど会社がうまく回らない、金融機関や取引先ともうまくいかない……などの人的要因で、利益が大幅に減衰した例を私はこれまでかなりの数見てきました。

さらによくあるのが、2代目が何もせずに現状維持を行おうとすることです。現状を維持できるだけでもすごいことではありますが、同じ経営者としては「それでは何のために会社を継いだのかわからない」という考え方もあります。

何かをチャレンジしてこその経営者なのではないか、と思うのです。経営者がのびのびとチャレンジするためには、安心できる後ろ盾が必要です。本業が危なくなっても補填できるバックアップ状態を作っておくことで、やるべきことに邁進できるわけです。

そのバックアップの1つとして不動産は強力な助っ人となるはずです。

安定した営業外収益でウェルビーイングなブレない経営ができる

創業経営者でも2代目経営者でも、大きな悩みの1つが「資金繰り」だと思います。もう1つは「人」です。

オフィスビル投資による安定した営業外収益を得られる状態を作り出すことで、企業は本業に加えて「第2の財布」を持てることになります。

それによって資金繰りの悩みを解消できれば経営者は心のゆとりを持つことができ、冷静な経営判断をして従業員を含めたみんなの幸福度を上げる活動をしていけるでしょう。

実際、私のクライアントの多くは数千万~数億円の営業外収益を得ています。一番大きなところで年間4億円、小さくても1000万円のインカムゲインを得ています。これは丸々、税前利益です。

そして、これらのクライアントはそのお金を使ってM&Aをしたり、社会福祉法人などの別事業をスタートさせたりして、自社の企業規模を大きくしようとしています。

企業が第2の財布を持って安定した営業外収益を得られるようになったら、それを使って「攻めの一手」を投じる経営をしてもらいたいと私は思っています。自社の信念のもと、本業が掲げる理念に則した事業をしてもらいたいのです。

別章で「ビジネスは経済戦争」とお伝えしました。

どこまで行っても資本主義社会の中で、企業理念を継続するためには根底に企業存続があります。そのためには経済戦争に勝ち続けることが必要です。

逆に負けてしまうとお金がなくなり、やりたくない仕事をしなければいけなくなって、企業としてバラバラになってしまう可能性があります。お金があるからこそ目的に乗っ取った経営ができるのです。

あなたにもきっと経営者としての理念があるはずです。

それを実現するための手段が経営であり、その手段として営業外収益を使って人を雇ったり、新商品・サービスを開発したりして、ブレない経営をウェルビーイングも維持しながら行っていけたら最高ですよね。

今、中小企業には淘汰の波が来ています。

東京商工リサーチが2023年7月10日に発表したデータによれば、2023年上半期の倒産件数は4000件を超えています。これはコロナ禍よりも多い数字です。

強弱の原理から言えば、小さなところから淘汰されるのは当然でです。

そう考えると、会社の規模を大きくすることは企業防衛の手段の1つとも言えるでしょう。

私はオフィスビル投資が中小企業を救い、日本の屋台骨を支え、日本経済、ひいては日本国を守ると思っています。

あなたもぜひその一翼を担ってください。

コンスタントに買い続ける「累積ビル投資家」という生き方

本書では「オフィスビルの区分所有」をテーマにしてきました。

区分オフィス1つで年間どれだけのインカムゲインを取れるか、財布の補填となるかは、企業規模や購入物件によって変わってきます。

しかし、大事なのはまず始めること。そして、始めたものを拡大していくことです。起業も最初は起業すること＝始めることが大事で、起業した会社を大きくしていくことが次に大事なはずです。オフィスビル投資もそれと同じなのです。

最初は小さな一歩で大丈夫です。

インカムゲインを増やすために大きなものを一気に買うのではなく、コンスタントに、バランスシートに無理のない範囲で、毎年もしくは隔年と着々と資産を増やしていきましょう。

投資信託の世界に「ドル・コスト平均法」というものがあります。価格が変動する商品を「常に一定金額を定期的」に購入することで平均化されたリスクに強い投資ができる考え方です。

不動産にも相場の変動がありますが、コンスタントに買うことでその中間が取れるのです。

最初に1フロア50坪を買ったら、次はもう1フロアでもいいですし、余力があるなら一棟買いでもいいでしょう。会社のお財布事情に合わせて無理のない範囲で進めていきましょう。

中古のCグレードのビル投資はインカムゲインが発生する側面に加えて、再開発の市場が存在します。メリット分散の考え方でエリアを分けて持っていれば、どれかが当たる可能性が出てきます。

賃料収入が増えることで内部留保も増え、それによってより大きな投資ができます。お金持ちがやっている投資のループに入ることができるのです。

このような生き方をしている人のことを「累積ビル投資家」と私は呼んでいます。

ぜひ「経営者」という肩書に加え、もう1つの「累積ビル投資家」の看板を掲げましょう。

子々孫々、サスティナブルな「安定企業」を増やしたい

私は、一社でも多く、長期的に持続可能な企業を輩出したいという思いでこの仕事をしています。

私は不動産仲介業者ですが、あえて「仲介」をメインにしているのも、東京のビルやそれに付随する安定賃料の取れるビルに特化しているのもそのためです。不動産会社であれば、本来であれば北海道から沖縄まで全国どこの物件でも扱えますが、あえて絞っています。

実際、100年以上続いている事業として業種別ランキングでトップなのが「貸事務所業」です。かつ現在まで存続している老舗企業の中には、ビルを持つことで安定収入を得ている会社がいくらでも存在します。

謄本を取り寄せて調べたことがあるのですが、あまり名の知られていないような企業でも、長期にわたって継続している影にビル保有があるのです。

このように、事業継続性を担保するためにはビル保有がいいことは一目瞭然です。

資本主義の目的は「お金を稼ぐこと」と言われますが、お金を稼ぐことはあくまでも存続のための手段の1つに過ぎません。

企業が存在する一番の意味は、自社の存在や手法や商品・サービスによって世の中を良くすることではないでしょうか。お金はそのためのガソリンであり、血液だと思うのです。

一方、お金がないとそれができないのも事実です。

ガソリンがないと自動車が動かないように、血液がないと人間が生きられないように、企業にとってお金は必要不可欠です。

だからこそ、お金に困らない状態をつくりましょう。

お金に困らない状態をつくれた企業は、自社の存在意義を第一に掲げて事業継続ができます。社会貢献もおおいにできるでしょう。

世界をサスティナブル（持続可能）なものにするためにも、おおいにオフィスビル投資を活用していただきたいと私は思っています。

あとがき　サスティナブルなＣグレード区分オフィス投資をはじめよう

最後まで読んでくださり、ありがとうございました。

いかがでしたか？

少しでも、オフィスビルの区分所有に興味を持っていただけたらうれしいです。

私は２０２１年11月に１冊目の本『２％の人しか知らない、３億円儲かるビル投資術』（ぱる出版）を上梓しました（ちなみにタイトルを「２％」としたのは野村総研の２０１９年の調査で「金融資産１億円以上を持っている人の割合」がそのようなパーセンテージだったからです）。

その際、多くのお客様や金融機関、同業の不動産会社などからさまざまな感想や反響をいただいたのですが、その中で「もう少しハードルを下げてほしい」という声も多数ありました。そのリクエストにお応えしたのがこの本です。

一棟ビルから区分オフィスに視点を移し、フォーカスすることで、よりたくさんの人に不動産投資――それもオフィスビルに特化した投資の魅力に気づいてもらえたら、これに勝る喜びはありません。

私自身、会社を経営する立場として、人を雇い、教育する大変さを日々感じていますし、事業を継続することに加えて、人との関わりは重要だなと実感しています。

経営者として立ち上がった以上は「一家の主」としてすべての責任を負わないといけません。うまくいかないことを理由に売上を上げられなかったり、利益を残せなかったり、従業員に給料を払えなかったりする（給料を上げられない）ようなことはあってはならないと思っています。

万が一、事業がうまくいかなくなったとしても、従業員や彼らの家族を食べさせられる状況をつくることも経営者の大きな使命ではないでしょうか。

事業も家族も、大切なのは一過性ではなく継続すること。継続こそが信頼につながります。信頼を維持するためにも経営者はがんばらないといけないのですが、その頑張りをサポートしてくれ、バックアップしてくれるものが不動産投資だと思っています。

私自身がビル投資を選択した背景にも、この考え方があります。

株式、投資信託、金・プラチナ、国債（社債）、仮想通貨など、世の中にはさまざまな投資商品がありますが、その中で私が不動産を選び、さらにビルに特化したのは、貸事務所業というもっとも継続性が高い＝信頼度の高いものを選択することで、私自身が経営者としての信頼をより長く維持できると考えたからです。

このことをぜひあなたにも知っていただき、間違いのないオフィスビル投資を行ってもらいたいです。

本文内でもお伝えしたことですが、Ｃグレードのビルは再開発によって数は減っていく傾向にあります。

投資の根本として「供給されていないもの・されづらいものを持つこと」がセオリーで、数が減っていくＣグレードのビルは今後価値が上がり、リターンをもたらしてくれる投資商品です。

一方で、Ｃグレードのビルは価値がゼロになることはありません。

なぜなら、そこには必ずニーズがあるからです。400万社以上もある日本の企業体の中の99％以上が中小企業と言われる世の中で、必ずCグレードのビルを必要とする企業は存在します。

仮に世の中がすべてSグレードのビルだけになったとしたら、多くの中小企業が困ることになるわけです。ですから、Cグレードのビルは減っていきつつも一定の数を維持しているのです。

このバランス感が絶妙であり、Cグレードのビルがサスティナブルである理由の1つでもあります。投資商品の中には「ハイリスク・ハイリターン」のものもあれば「ローリスク・ローリターン」のものもあります。そんな中でオフィスビルは「ローリスク・ミドルリターン」な商品です。

しかも、長期保有によって継続的にリターンをあなたの会社にもたらしてくれる商品です。企業経営者という責任ある立場として、従業員からの信頼を維持し続ける必要のある立場として、事業継続による社会貢献をする必要のある立場として、ぜひオフィスビル投資を検討してみてください。

そのスタートは区分オフィスから、3000万円の内部留保から始められるのです。

今日、私がご紹介したこれらの方法は、残念ながらまだそれほど知られていません。だからこそ、今がチャンス！　先に始めたもの勝ちですし、勝機はいたるところに転がっています。大勢の人がこのお得さに気づいて始める前に、ぜひやってみてください。お金を有効に使いましょう。

今の時代にローリスク、ミドルリターンという夢のような投資方法であることがわかっていただけたら、こんなにうれしいことはありません。

青木龍

【著者】

青木龍

株式会社 Agnostri（アグノストリ）代表取締役社長。1989 年、東京都出身。22 歳で事業系不動産に特化した不動産売買の会社に就職。中小企業の経営者をターゲットに、ビル売買の営業開拓を実施。その後大阪支店・名古屋支店の立ち上げに携わる。最終的に東京で課長職に就任。会社員時代は 1 人で 50 億円を販売しトップセールスに。2018 年に独立し、東京都千代田区に株式会社 Agnostri（アグノストリ）を設立。会社設立後、年間 100 億円ほどの売買を締結。2022 年よりメディアへの露出も積極的に行う。

株式会社 Agnostri（アグノストリ） HP

御社の新しい収益基盤を構築する　区分オフィスビル投資術

2023 年 12 月 25 日　初版第 1 刷発行

著　者　青　木　龍

発行者　延　對　寺　哲

発行所　株式会社 ビジネス教育出版社

〒 102-0074　東京都千代田区九段南 4-7-13

TEL 03(3221)5361(代表)／FAX 03(3222)7878

E-mail ▶ info@bks.co.jp　URL ▶ https://www.bks.co.jp

印刷・製本／モリモト印刷株式会社

ブックカバーデザイン／飯田理湖　本文デザイン・DTP／モリモト印刷株式会社

企画協力：潮凪洋介（HEARTLAND Inc.）　編集協力：廣田祥吾・柴田恵理

落丁・乱丁はお取替えします。

ISBN978-4-8283-1044-2